*Pamphlet, documenti, storie*

**REVERSE**

© Chiarelettere editore srl
Soci: Gruppo editoriale Mauri Spagnol S.p.A.
Lorenzo Fazio (direttore editoriale)
Sandro Parenzo
Guido Roberto Vitale (con Paolonia Immobiliare S.p.A.)
Sede: Via Guerrazzi, 9 - Milano

ISBN 978-88-6190-868-0

Prima edizione: settembre 2016

*www.chiarelettere.it*
BLOG / INTERVISTE / LIBRI IN USCITA

Michele Corradino

# È normale...
# Lo fanno tutti

Prefazione *di Raffaele Cantone*

**chiarelettere**

# Sommario

Prefazione *di Raffaele Cantone*                                    XV

È NORMALE... LO FANNO TUTTI

Questo libro                                                        3

Lo fanno tutti. La normalizzazione della corruzione                5
«Signora questa è una cosa normale. Qui tutto il sistema è
corrotto.» L'illegalità è la regola 5 – «Saresti stupido a non
farlo.» Quando la legalità è un'eccezione 8

La corruzione in famiglia                                          11
«Io vivo di imbrogli.» Se anche in famiglia i valori sono rovesciati 11 – «Tu devi rispondere: "Centocinquanta".» I consigli
tecnici di un padre al figlio per garantirsi un posto a Expo 2015
12 – «Hai dato il biscotto a quello?» Anche mogli, fidanzate
e sorelle: tutti per uno, uno per tutti 20

Malaffare e burocrazia. La corruzione 2.0                          22
«Devo pagare una polpetta a un cliente.» Che relazione c'è tra
burocrazia e corruzione? 22 – «La pratica è stata sistemata.»
La nuova figura del facilitatore 26 – «Bisogna vendersi come
le puttane.» Le relazioni personali sono un patrimonio e sono
apprezzate anche nelle amministrazioni 30 – «Gli comprava
anche la carta igienica.» L'economia dei favori 33 – «Stamo
sempre là, questo è il mondo in cui viviamo.» Il valore preventivo del «favore» 38 – «Piglia cinquemila euro al mese da

tre anni...» La nuova figura del funzionario pubblico «stipendiato» dagli imprenditori 42 – «L'operazione andrà per forza in porto.» Funzionari organici al sistema e subordinati agli imprenditori 46 – «Questi consiglieri comunali devono stare ai nostri ordini.» La politica sottomessa 53 – «Dentro la borsa c'era tutto, nomi cognomi... Sono finito.» La corruzione ha la sua burocrazia e i suoi tariffari 56

## Il gergo del malaffare                                      61

«La mucca deve mangiare per essere munta.» Il linguaggio in codice del malaffare. La metafora del cibo 61 – «Il nostro Frecciarossa è pronto a ripartire.» Non solo cibo. Il gergo della corruzione è molto ricco e colorito 64

## Corruzione e sport                                          67

«Senti, un bell'uno a zero?» Così la malavita trucca le partite di calcio 67 – «Se ha fatto una cosa del genere, deve morire.» Come fanno gli scommettitori a essere certi che gli atleti corrotti rispettino i patti 72 – «Dovete fare pareggio perché altrimenti...» Quando ci si mettono anche i tifosi 77 – «Papà, fallo per me.» Anche la famiglia ha un ruolo nell'illecito sportivo 80

## Corruzione e sanità                                         85

«Dall'ospedale pediatrico potrebbero venir fuori un paio di milioni a testa.» Un fiume di denaro e molti interessi personali 85 – «Lei, dottore, più ci soddisfa, noi più la soddisfiamo.» La corruzione tra medici e case farmaceutiche 90

## Corruzione, appalti e concorsi pubblici                     97

«Poi ce la gestiamo io e te.» Gli appalti pubblici pilotati 97 – «Faremo il bando... fatto in una certa maniera.» I «bandi fotografia» costruiti per far vincere un'impresa 102 – «Levale di mezzo queste qua.» I trucchi per far vincere un'impresa 109 – «Voi vincerete la gara...» La sicurezza del risultato grazie alle complicità interne 114 – «Noi vogliamo un importo sui lavori.» Quando il subappalto diventa un modo per pilotare le gare e ottenere una tangente 117 – «Metti meno cemento e più sabbia.» La cattiva esecuzione dei lavori. Il danno per i cittadini 119 – «Era il migliore, l'abbiamo fregato.» La piaga dei concorsi universitari 124

Quanti strumenti contro la corruzione e il malaffare  129
Trasparenza e controllo dell'amministrazione pubblica 129
– Un controllo diretto dei cittadini. L'esempio americano
132 – Troppi dati possono confondere? 135 – Il pericolo
di una burocrazia della trasparenza 137 – Come funziona il
sistema della trasparenza nella materia degli appalti 138 – La
tracciabilità dei rapporti tra amministrazione e imprese. Il
problema delle lobby e della loro disciplina 140 – Quanto è
difficile regolamentare le lobby 144 – Il ruolo dei cittadini nella
lotta alla corruzione. Cos'è il whistleblowing 146 – In Italia il
whistleblower è sufficientemente tutelato? 149 – Quando lo
Stato tutela chi decide di denunciare l'estorsione 152 – I reati
di corruzione. L'ipotesi di inasprire le pene 154 – L'Italia è il
paese più corrotto d'Europa? 156 – Il costo della corruzione
e la percezione della gente 158

# Prefazione

*di Raffaele Cantone*[*]

Di corruzione nell'ultimo periodo si parla molto e si scrive altrettanto. Per fortuna, aggiungo subito! Si tratta, infatti, di un dato assolutamente positivo.

C'è stato un lunghissimo tempo in cui questa parola sembrava scomparsa dal linguaggio mediatico, così come sembrava svanito il fenomeno cui essa si riferiva.

Dopo gli anni di «Mani pulite», quando non c'era sera in cui i titoli del telegiornale non riportassero di arresti eclatanti di esponenti soprattutto della politica nazionale, spesso noti anche a livello internazionale, era seguita una fase di «bonaccia» che aveva spinto qualche esponente istituzionale superficiale (o in malafede) ad azzardare che il nostro paese aveva sconfitto quello che era sembrato un male atavico e inestirpabile. Tali convinzioni avevano provocato nella pubblica opinione un vero e proprio disinteresse che non sembrava scalfito nemmeno dalle classifiche espresse da organismi internazionali che ci segnalavano fra i paesi più corrotti.

Con la fine del decennio del nuovo secolo, in seguito a una crisi economica che ha morso fortissimo, era impossibile continuare a far finta di niente. È apparso evidente quello che alcuni (pochi) commentatori avevano rappresentato; che

---

[*] Presidente dell'Autorità nazionale anticorruzione.

il fiume della corruzione non si era affatto essiccato; si era solo inabissato e, approfittando del suo carattere (divenuto) carsico, si era ingrossato a dismisura, soprattutto si era modificato nei suoi tratti fisiognomici; il pagamento della tangente a favore del politico di turno era stato sostituito da sistemi molto più innovativi, «gelatinosi», in cui corrotti e corruttori facevano parte di medesimi gruppi criminali che, mettendo insieme imprenditori spregiudicati, affaristi e/o pseudolobbisti di ogni risma e rappresentanti delle istituzioni, perseguono un unitario obiettivo: quello di arricchirsi a dismisura sfruttando le (ormai scarse) risorse pubbliche e rendendo più povera la collettività.

La crisi economica ha amplificato gli effetti devastanti di quello che è apparso sempre più un vero e proprio sistema criminale e ha reso intollerabile il peso economico che ogni cittadino è costretto indirettamente a pagare per gli altrui comportamenti illeciti. A poco a poco ci si è anche resi conto che il sistema paese all'estero veniva sempre più percepito come malato e questo incideva pesantemente sulle scelte degli investitori pubblici e privati sottraendo risorse indispensabili alla nostra esangue economia.

Alla fine del primo decennio dell'attuale secolo è risultato inevitabile cominciare a riparlare dell'argomento, anche e soprattutto perché le indagini della magistratura, che pure per lungo periodo sembravano essersi fermate, hanno riportato alla luce quel fiume che ormai aveva una forza tale da distruggere i debolissimi argini che si erano innalzati.

I cittadini più avvertiti si sono resi conto che quel male non era stato affatto debellato; si era insinuato in modo ancora più devastante e capzioso nel corpo dello Stato e hanno cominciato a pensare che per ridurne la potenza era necessario conoscerlo, provare a capire come si era evoluto e quali potevano essere i rimedi veri, visto che quelli meramente repressivi del passato, sebbene fossero stati spacciati per definitivi, non lo avevano intaccato, anzi, avevano creato una sorta di effetto darwiniano di evoluzione della specie, lasciando in campo corrotti e corruttori più scaltri e avveduti.

In questo contesto, il fiorire di una letteratura di impegno civile che provasse ad affrontare l'argomento non poteva che essere salutato con grande favore; tutti i conoscitori (e persino, i presunti tali!) sono concordi nel ritenere che la corruzione è, oltre che il frutto di spinte delinquenziali, anche conseguenza di atteggiamenti e prassi devianti, entrati nella mentalità del paese.

È certamente falso e ingiusto dire che gli italiani siano un popolo antropologicamente dedito alla corruzione; è purtroppo vero, però, che rispetto a comportamenti di piccola o grande disonestà, essi siano abituati a chiudere un occhio, giustificandoli o persino ritenendoli espressione di quella furbizia di cui molti si fanno gran vanto.

E proprio perché l'aspetto culturale è oggi innegabilmente uno dei punti di attacco necessari per provare a sradicare questa mala pianta, la conoscenza del fenomeno corruttivo è diventata indispensabile, conoscenza che non può limitarsi soltanto a descrivere ciò che accade, ma anche e soprattutto deve analizzarne gli effetti diretti e indiretti.

Il libro di Michele Corradino, consigliere di Stato che, fra l'altro, conosce benissimo la macchina burocratica pubblica e che da poco più di due anni fa parte con me e altri tre colleghi del consiglio dell'Autorità nazionale anticorruzione, risponde a questa esigenza. E lo fa con una declinazione originale, che rende questo libro uno strumento utilissimo.

Esso parte dall'esperienza che Corradino fa da tempo nelle scuole, anche grazie alle domande interessate e interessanti dei ragazzi che vogliono capire in modo meno convenzionale cosa sia davvero diventata la corruzione.

Domande che, proprio perché vengono da un pubblico giovane e aperto alle esperienze del mondo digitale, si concentrano sulla sostanza del fenomeno ma anche sugli aspetti linguistici e di maggiore curiosità.

E già questa opzione di scrittura potrebbe ingenerare quello stimolo indispensabile per spingere a leggere un libro.

A ciò si aggiunge che l'analisi non è solo il frutto della conoscenza eccezionale che Corradino ha della burocrazia e, quindi, delle sue deviazioni, conoscenza che si è certamente accresciuta in questi due anni all'Anticorruzione e che è supportata da atti di indagine di prima mano, costituiti soprattutto da stralci di colloqui intercettati.

Il linguaggio, spesso allusivo, colorito e in qualche caso molto esplicito, di questi criminali dai colletti bianchi finisce per funzionare da spiegazione meglio di qualunque altra possibile e di fornire un quadro, sì a tinte fosche, ma anche realissimo e chiarissimo. Vivendo la nuova ed esaltante esperienza dell'impegno quotidiano nell'Autorità – che sta muovendo i suoi primi passi fra grandi aspettative e (perché no, anche) qualche scetticismo –, Corradino non si limita a fare la diagnosi del male ma prova a individuare quali possano essere i rimedi veri, quelli cioè che non rappresentino dei meri placebo per soddisfare una opinione pubblica desiderosa di ricette salvifiche, ma capaci di inserire nel sistema i famosi «anticorpi» che consentono al sistema stesso di reagire e di marginalizzare corruzione e malaffare.

Insomma un libro che si fa leggere tutto d'un fiato, che soddisfa il desiderio di conoscenza di chiunque voglia capire e che non provoca frustrazione in chi legge, perché indica una direzione alternativa e invita i più giovani a reagire con la speranza che finalmente il nostro paese possa imboccare la strada delle democrazie evolute, quelle che la corruzione l'hanno davvero messa al bando!

È NORMALE...
LO FANNO TUTTI

# Questo libro

Per fare una Tac in ospedale o per ottenere una licenza commerciale occorre pagare una mazzetta o almeno avere una raccomandazione? La maggior parte degli italiani pensa di sì.

Secondo i sondaggi di Eurobarometro quasi nove italiani su dieci credono che la corruzione e le «spintarelle» siano il modo più semplice per accedere ai servizi pubblici, mentre più di sei imprenditori italiani su dieci ritengono che le conoscenze politiche siano l'unico modo per riuscire negli affari.

Se questo è il sentire comune c'è da chiedersi com'è possibile che rabbia e indignazione non prendano il sopravvento, ma anzi siano state soggiogate da questo strisciante senso di rassegnazione all'ingiustizia che fa apparire normale dover pagare per esercitare un diritto.

Un processo di normalizzazione della corruzione che, come ha affermato papa Francesco, «viene elevata a sistema, diventa un abito mentale, un modo di vivere». Manca dunque la percezione della corruzione e del malaffare come danno a tutti.

Il modo migliore per reagire a questo stato di torpore è urlare che la corruzione non è normale e raccontare come logora il paese. La corruzione come «furto di democrazia», come l'ha definita il presidente della Repubblica Sergio

Mattarella, ma anche furto di futuro per i giovani perché umilia il merito e l'impegno.

E proprio dai dialoghi con i giovani, durante i percorsi di educazione alla legalità nelle scuole e nelle università, nasce l'idea di questo libro che vuole raccontare la corruzione dal di dentro. Lasciando parlare i protagonisti del malaffare, attraverso i dialoghi intercettati dagli inquirenti e riportati sulla stampa.

Tutti i dialoghi sono stati resi anonimi in modo da non potere risalire al nome dei protagonisti, sia perché molti processi sono ancora in corso, e quindi tutti gli indagati devono presumersi innocenti sino a sentenza definitiva, sia perché l'intento non era quello di raccontare cronache giudiziarie ma di dare un affresco del modo in cui la pubblica amministrazione, il settore privato e perfino lo sport siano popolati da affaristi, corrotti e corruttori che rubano ai giovani lavoro e ricchezza.

Ladri di futuro che seguono modelli comportamentali ricorrenti, utilizzano un gergo comune e appartengono a una cultura controvaloriale che, ritenendo «normale» la corruzione, fa spesso assumere alle loro condotte caratteri grotteschi e perfino divertenti, se non fossero drammatici.

Conoscere il fenomeno e soprattutto farlo conoscere ai giovani è il modo migliore per sviluppare una coscienza sociale che riesca a trasformare tutti i cittadini in sentinelle della legalità.

Come ha scritto Raffaele Cantone nel suo libro *Il male italiano*: «Il tempo degli alibi e delle scuse è finito da un pezzo». Ora tocca a noi.

# Lo fanno tutti. La normalizzazione della corruzione

*«Signora questa è una cosa normale. Qui tutto il sistema è corrotto.» L'illegalità è la regola*

Forse si sta bene solo in questo paese qua... perché nei paesi dove ci sono le regole secondo me si sta molto peggio... io ti dico la verità [...] nessuno mi può dire un cazzo... anche se qualche compromesso l'ho fatto anche io, naturalmente come tutti... però i soldi che ho guadagnato in questo paese di merda deregolarizzato non li avrei mai guadagnati in Inghilterra o in America.[1]

Parla così un amministratore pubblico in un'intercettazione. E forse sì, ha proprio ragione: l'Italia, nonostante l'infinito numero di leggi, norme e divieti, resta un paese «deregolarizzato» e i compromessi si fanno «naturalmente» perché la sensazione è che li facciano tutti.

È proprio la normalizzazione del malaffare e della corruzione il tratto più difficile da accettare del nostro paese.

La lettura delle cronache e delle intercettazioni pubblicate sui giornali mostra infatti il crescente dominio della quotidianità del malaffare che rovescia la normalità della regola.

---

[1]   ilfattoquotidiano.it, 19 marzo 2015.

L'illegalità troppo spesso diventa la regola. Sull'irregolarità, a volte, si costruiscono perfino le politiche pubbliche e le strategie di impresa: la norma viene avvertita sempre più come un ostacolo allo sviluppo e alla crescita individuale e della comunità.

Nessuno dei protagonisti delle inchieste e dei casi di malaffare sembra comprendere la gravità dei propri comportamenti e il loro disvalore sociale prima ancora che etico e, a poco più di venti anni dal ciclone di Tangentopoli che scosse l'Italia cambiandone profondamente la struttura politica e sociale, colpisce l'atteggiamento disinvolto di alcuni protagonisti della vita pubblica nella gestione di affari illeciti o comunque illegittimi. La sensazione che si ottiene dalla lettura dei dialoghi intercettati «è la quotidianità della corruzione vista come cosa normale».[2]

«È normale» è la frase che ricorre più spesso nei dialoghi riportati dai giornali.

«È normale» risponde un funzionario pubblico alla compagna che si stupisce del fatto che un imprenditore – in rapporti con l'amministrazione per cui lavora il dipendente – si sia offerto di anticipare il denaro necessario per l'acquisto di nuovi computer che non potrebbero permettersi.[3]

---

[2]    rainews.it, 22 ottobre 2015. In conferenza stampa, il procuratore capo di Roma, Giuseppe Pignatone, dichiara: «La mia sensazione leggendo le carte, che sono prevalentemente, ma non solo, intercettazioni, è la sensazione deprimente della quotidianità della corruzione. [...] La principale indagata va in ufficio per lavorare ma il suo lavoro è gestire il flusso continuo della corruzione: c'è la borsa sempre aperta, arriva qualcuno e ci mette una busta. Tratta pure male i collaboratori, che non sono ritenuti all'altezza nell'avere a che fare con gli imprenditori per riscuotere le mazzette. La sensazione della lettura di queste carte è la quotidianità della corruzione vista come cosa normale».

[3]    napoli.repubblica.it, 26 ottobre 2015.

I soldi li anticipa l'imprenditore «e noi li paghiamo come lavori sotto altra forma. È normale». E di fronte alle rimostranze della compagna, che candidamente obietta che non è normale perché «va bene, ma tu rubi», replica: «Eh, certo, che cosa mi importa. Tu che fai, dici che io mangio, non ti lascio proprio niente. Siccome sono migliore di te, oppure mi vogliono più bene di te, io mi fotto tutte le cose. Poi fammi vedere cosa fai».

«Signora questa è una cosa normale. Voi pensate non ci siano persone corrotte? Qui tutto il sistema è corrotto»[4] afferma un maresciallo della guardia di finanza millantando, come si è dimostrato, di poter far vincere il concorso al figlio dietro pagamento di una cospicua somma di denaro.

«L'hai capita o no? Io lo faccio. Mi vergogno?» si chiede retoricamente parlando con un amico, un imprenditore, in merito alle tangenti che, secondo l'accusa, paga a un amministratore pubblico.

La risposta è tranchant e dà il senso della normalità della condotta: «No vaffanculo, lo fanno tutti e io devo lavorare».[5]

Non emerge mai, dalle conversazioni telefoniche o ambientali, il senso dell'illiceità della corruzione.

«A me me frega solo dei soldi... Non mi sento affatto sporco»[6] afferma al telefono un magistrato accusato di ricevere tangenti per aggiustare processi tributari.

Un imprenditore legge il fenomeno in chiave a suo modo internazionale e, discutendo di una tangente che secondo l'accusa sarebbe stata pagata per un lavoro all'estero, afferma:

[4]  ilfattoquotidiano.it, 14 dicembre 2015.
[5]  repubblica.it, 1° ottobre 2015.
[6]  roma.fanpage.it, 22 marzo 2015.

«In tutti i paesi normali è così, da Abu Dhabi all'America, all'Albania. Solo che qui le vogliono cambiare».

E aggiunge una considerazione che, nella sua dimensione storico-religiosa e involontariamente umoristica, rivela la sconvolgente banalizzazione del malaffare amministrativo: «Guarda, io faccio sempre questo esempio: se quando è nato il Signore si sono presentati tre Re Magi con oro, incenso e mirra, mah... Vuol dire che quanto meno i rapporti personali contano, no?».[7]

La conversazione continua dando uno squarcio della globalità del sistema corruttivo in cui l'illegalità assume carattere di regolarità al punto da far risultare che:

– Sono tutti corrotti e corruttibili.
– È un mondo particolare, il nostro.
– È un mondo a scale di corruzione.

Un mondo a scale di corruzione in cui la regola resta ferma, cambia solo il prezzo della tangente che si adegua al livello degli interessi: «Esistono i milioni di euro che girano al ministero delle Infrastrutture e che girano solo in un altro ministero».

«Sanità» incalza subito l'altro interlocutore.

«Bravissimo – conferma il primo –, dove ho degli amici che fanno smaltimento di rifiuti sanitari.»

*«Saresti stupido a non farlo.» Quando la legalità è un'eccezione*

Non c'è dubbio che la stragrande maggioranza dei funzionari pubblici svolga il suo servizio con «disciplina e onore», come

---

[7]  repubblica.it, 1° ottobre 2015.

afferma l'art. 54 della Costituzione. La corruzione riguarda un numero limitato di amministratori, eppure ha ormai assunto un tale carattere di «normalità» che, in una curiosa inversione valoriale, il rapporto tra legalità e illegalità si è completamente rovesciato. Così, in una conversazione in cui emerge, per bocca di un politico, una sorta di teorizzazione dell'illegalità come valore si sentono dire frasi del tipo:

> È colpa dei magistrati, perché è vero che ci poteva essere corruzione, ma non puoi trasformare per un po' di corruzione... non puoi distruggere tutto. Questo è il punto del problema, cioè la legalità: non è un valore, è una condizione, e quindi se tu la tratti come l'unico valore che un paese ha, scassi tutto... L'illegalità c'è in tutto il mondo, bisogna trattarla con... normalità.[8]

Ha ragione papa Francesco quando afferma che:

> Il corrotto non si accorge del suo stato di corruzione. Succede come con l'alito cattivo: difficilmente chi ha l'alito pesante se ne rende conto. [...] La corruzione non è un atto ma uno stato, uno stato personale e sociale nel quale uno si abitua a vivere. I valori (o i non valori) della corruzione sono integrati in una vera cultura con capacità dottrinale, linguaggio proprio, maniera di procedere peculiare. È una cultura di pigmeizzazione, in quanto convoca proseliti con il fine di abbassarli al livello di complicità ammesso.[9]

È questo il vero rischio. La diffusione di una cultura controvaloriale che faccia percepire come normale la corruzione. Il

---

[8]   ilfattoquotidiano.it, 15 maggio 2014.

[9]   Francesco (Jorge Mario Bergoglio), *Guarire dalla corruzione*, Emi, Bologna 2013.

corrotto smette di essere un ladro che ruba a tutti perché la cultura della corruzione può spingere a ritenere che chiunque al suo posto si sarebbe comportato allo stesso modo. La normalizzazione del malaffare e la conseguente perdita di disvalore porta all'identificazione con il corrotto e a una diabolica simpatia sociale per chi riesce ad aggirare le regole e raggiungere gli obiettivi, oliando il sistema.

«Saresti stupido a non farlo» risponde l'amico all'imprenditore che gli confida, nella conversazione riportata sopra, di non vergognarsi di essere corrotto.

L'indignazione verso i corrotti arrestati e mostrati in ceppi in televisione, direttamente discendente dalle famose monetine lanciate dalla gente a Craxi che usciva dall'hotel Raphaël, cede il passo alla tolleranza quando non addirittura all'ammirazione nei confronti di chi riesce a vincere aggirando le regole.

È quella che Camilleri, in un'intervista straordinariamente evocativa, chiama «la morale del motorino»:

Questo continuo spostamento dei confini tra legalità e illegalità produce un disagio altissimo, che non è solo morale. Diventa un fatto di costume sociale. È quel che io chiamo la morale del motorino, che imperversa in Italia. Con il motorino si può evitare la fila, destreggiarsi tra le auto e poi passare con il rosso. Tanto con il motorino si ha facilità di manovra, si può andare contromano, si fa lo slalom. Insomma, si fa quel che si vuole, fregandosene delle regole. Che anzi, diventano un elemento di fastidio, di disturbo.[10]

E chi è in automobile dice: «Magari ci fossi io su quel motorino».

---

[10]    Intervista di Salvo Fallica, «l'Unità», 20 ottobre 2003.

# La corruzione in famiglia

*«Io vivo di imbrogli.» Se anche in famiglia i valori sono rovesciati*

L'idea che «occorre conoscere qualcuno per andare avanti nella vita» è piuttosto diffusa e condivisa. Si tratta di un'ulteriore conseguenza della mancata percezione della corruzione come danno alla società e ha fatto sì che questa pratica entrasse anche nelle dinamiche familiari, configurandosi come un male a trasmissione intergenerazionale.

Conseguenza inevitabile di ciò è la caduta, all'interno del nucleo familiare, del tabù della criminalità. Se è normale ricorrere agli illeciti perché non metterne a parte i parenti?

La famiglia è da sempre considerata il luogo per eccellenza in cui si costruisce l'identità di un individuo: è in questa cellula sociale che vengono trasmessi i principi e i valori costitutivi di una società. Il compito di impartire e di tramandare questi saperi è demandato ai genitori, in uno scambio tra generazioni che coinvolge valori e controvalori.

In un contesto di normalizzazione della corruzione, che viene annoverata tra gli strumenti utili per essere vincenti, non ci si può quindi stupire che ci siano genitori che trasmettono ai figli la convinzione della liceità del malaffare individuato come espediente per la sopravvivenza.

È questo il caso di un padre dirigente pubblico che spiega al figlio i dettagli della sua attività di collaborazione con un'impresa che la procura ritiene oggetto di uno scambio corruttivo.[1]

Il ragazzo ascolta, fa domande, segue attentamente le parole di suo padre che gli confida i particolari dei suoi rapporti con un imprenditore che «quello che io guadagno in un anno, lui lo guadagna in un mese».

Al figlio che gli chiede perché allora l'imprenditore non lo remuneri per l'attività svolta, il padre – dipendente pubblico, lo ricordiamo – risponde fornendogli una paradossale lezione di vita sul tema del merito in cui tutti i valori risultano completamente rovesciati: «Se io lavoro mi dà soldi, però non regala nessuno niente. Se tu li meriti perché sei bravo e lavori, te li danno».

Il ragazzo chiede al padre se dunque collabora con l'imprenditore.

E lui: «Certo! Non lo vedi che abbiamo parlato di lavoro?».

«E quanto ti dà?» chiede il figlio.

«Dipende da quello che faccio, se guadagno mille mi dà mille, se guadagno cinquemila mi dà cinquemila» è la risposta disarmante del padre.

*«Tu devi rispondere: "Centocinquanta".» I consigli tecnici di un padre al figlio per garantirsi un posto a Expo 2015*

Oltre alla trasmissione dei controvalori di padre in figlio, un'altra strada che sembra aprirsi in questo nuovo scenario familiare, in cui l'educazione al sopravvivere in un mondo

---

[1]   gazzettadelsud.it (ed. Sicilia), 18 luglio 2014; palermo.repubblica.it, 21 luglio 2014.

corrotto, se non al crimine, appare dominante, è quella della trasmissione del sapere tecnico: i trucchi del mestiere e i consigli per gestire i propri affari al meglio e senza dare nell'occhio.

Emblematico è il caso di un altro padre che decide di far fare esperienza sul campo al figlio fornendogli le istruzioni del caso.

Il ragazzo è chiamato a prendere contatti con un dipendente pubblico «per verificare quali sono i canali giusti per farsi accreditare per ottenere le direzioni lavori da parte dei vari paesi espositori che devono realizzare i loro stand per Expo 2015».

Nel dialogo intercettato, il padre spiega al figlio:

Noi abbiamo la possibilità di andarci direttamente da questo... Quindi tu attraverso, come si chiama, [NOME], devi capire effettivamente se loro sono in grado di intercedere sul fatto di essere invitati a queste gare da parte degli espositori. Cioè l'espositore e quello che costruisce lo stand devono trovare un supporto tecnico o un supporto di costruzione. Loro che c'hanno? Un albo? Hanno preparato una lista? Si può essere indicati da loro presso alcuni più importanti? Formalmente, oppure informalmente hanno già dei rapporti per cui magari ti presentano il capoprogetto dello stand del [NOME STATO], per esempio. O del [NOME STATO]. Bene, allora se te lo presentano tu vai lì direttamente. Oppure gli puoi anche chiedere se può essere utile farci presentare direttamente dal tuo amministratore delegato». Insomma, «fagli capire come noi possiamo essere segnalati tra gli studi professionali che possono dare una mano per preparare questi progetti. Più che i progetti, poi a noi interessano il management e la direzione lavori.[2]

---

[2] huffingtonpost.it, 17 marzo 2015.

In un'altra conversazione il padre sembra soffermarsi a spiegare al figlio il modo in cui mettere in atto praticamente la condotta corruttiva.

Così la consegna di «una cosa» che la procura ritiene essere prezzo della corruzione va fatta «rigorosamente in una stanza da solo».

Nel dialogo il padre chiede al figlio di ricevere nel pomeriggio «una persona» in ufficio. Il ragazzo chiede di sapere «almeno il nome» di chi deve incontrare, ma il genitore gli spiega solo che «la persona deve venire allo studio alle 18 a consegnare una cosa». Il ragazzo sembra preoccupato. Telefona spesso al padre per chiedere istruzioni: «Volevo chiederti nel caso in cui venga prima che arrivi te... cosa gli devo dire?».

«Ti farà una domanda e tu devi rispondere: "Centocinquanta"» gli spiega il genitore. «Dopodiché può pure andarsene se ti lascia quello che ti deve lasciare. [...] Fatti consegnare quello che ti deve dare al riparo di occhi indiscreti, in una stanza da solo, poi mi chiami quando hai finito tutto.»[3]

In un altro caso un padre sembra spiegare il modo che ha escogitato per realizzare una sovrafatturazione che è propedeutica a creare fondi neri. «Però gli ho detto: quando tu ne metti tre per te, tre devono essere anche i mia. Sennò che affari si fanno gli ho detto.»

La frase successiva è sconcertante: «Tanto prima o poi c'arrestano tutti e due».[4]

Anche questa conversazione è emblematica. Il figlio ha appena consegnato quello che l'accusa ritiene essere il prezzo della corruzione:

---

[3]  *Ibid.*
[4]  lanazione.it (ed. Pistoia), 18 giugno 2012.

– Pronto?

– Uè guagliò.

– Uè papà.

– Dove stai, allora, a Firenze?

– Sì sì sì papà, sono uscito a Firenze Sud. Stanno trenta centimetri di neve.

– Hai dato il biscotto a quello?

– Sì, comunque si deve cambiare. Ha cambiato due numeri, anche il privato. L'hanno messo sotto controllo perché lui fece una telefonata a [NOME], quindi automaticamente l'hanno segnalato... Su quel numero là vecchio, quel 335, devi parlare solo di fica.

– Sto andando a prendere il treno per andare con il mister linguina a [NOME CITTÀ]... Perché devo incassà, capito?

– Ehi, ehi, stai attento di rimanerci, poi... stai attento perché l'amico [NOME] s'è fatto sedici mesi di condizionale, eh.[5]

In un'altra occasione è il figlio a spiegare al padre, secondo l'ipotesi accusatoria, il miglior modo per riciclare il denaro sporco.

Di seguito viene riportato il testo dell'intercettazione:

Oh ma tu lo hai capito cosa ho fatto io con il denaro... non hai capito niente!!! Tu cosa ho fatto con i soldi non l'hai capito... ora te lo spiego... Centoventimila euro ho comprato solo gli appartamenti di [NOME]. [...] Tutti e due glieli ho tirati sotto e sopra... Mi segui? Centotrenta prendere o lasciare... Lui voleva duecento tutti e due. «Li vuoi centotrenta?» Prendo centomila euro contanti e glieli do... e io pulisco centomila euro così, papà.[6]

---

5   repubblica.it, 5 ottobre 2011.
6   «Il Giorno», 7 luglio 2016.

Ogni tabù è caduto: le mura di casa e la tranquillità domestica sembrano anzi il luogo più sicuro per maneggiare il denaro oggetto di tangenti, spiegando con dovizia di particolari ai familiari la fonte dell'inaspettata ricchezza.

Così la moglie di un imprenditore, spinta alla delazione da presunti tradimenti del marito, racconta ai carabinieri:

> Da quando mio marito ha iniziato a occuparsi dei lavori pubblici al Comune di [NOME] il tenore di vita della nostra famiglia è cambiato. Portava soldi a casa tutte le volte che c'era una gara d'appalto al Comune. [...]
> Mi spiegava che diceva alle ditte di quanto dovevano fare il ribasso... e che gli inviti per le gare non li potevano fare solo alle ditte di [NOME COMUNE] ma dovevano far apparire di invitare anche ditte «esterne» che però non vincevano mai.

Immediatamente dopo entra nel dettaglio della gestione domestica dello scambio corruttivo:

> Una sera nella mia abitazione mio marito mi disse di recarmi nel salotto, di abbassare le tapparelle del balcone e di chiudere la porta e, dalla sua borsa che porta sempre al seguito, prelevò una busta di plastica che conteneva denaro contante. Pose la busta sul tavolo e prelevò molte banconote di taglio cinquanta e cento euro. Cominciò a contare il denaro e poi lo divise in due gruppi uguali, ricordo che complessivamente erano circa ventimila euro. Alla mia domanda da dove provenisse tanto denaro contante mio marito rispose che era un regalo della ditta [NOME] e la stava dividendo in due parti, in quanto una era sua e una del suo dirigente [NOME].[7]

---

[7]  ilfattoquotidiano.it, 24 ottobre 2015; corrieredelmezzogiorno.corriere.it, 24 ottobre 2015.

Nessuna vergogna a discutere in famiglia della provenienza illecita del denaro o a compiere tra le mura domestiche azioni necessarie per il reato. Ma, soprattutto, condivisione tra i membri della famiglia dell'inversione valoriale che non risparmia neppure i rapporti madre/figli.

«Noi gli chiederemo quello che vogliamo e lui ce lo deve dare. Sennò l'alternativa è che non ce lo abbiamo noi, ma lui se ne va in galera e non l'avrà nemmeno lui» grida, riferendosi al marito – dirigente di una società pubblica – con il quale ha da poco litigato, una madre alla figlia.[8]

È tanto normale vivere nel malaffare, condividendone in famiglia ansie e benefici, che una madre sente perfino il bisogno di consolare amorevolmente il proprio figlio incapace di eguagliare il padre nei suoi successi ché, dal dialogo intercettato, non appaiono fondati sul merito ma sulla capacità relazionale:

[Tuo padre, *ndr*] si è sposato, a ventitré-ventiquattro anni ha dato la tesi, a venticinque aveva appena iniziato a lavorare proprio come te, uguale, [...] non aveva fatto un cazzo prima e aveva invece avuto tanto dal padre. [...] Per cui tu, figlio mio, non devi pensare «Ecco, io non sono come papà», non ti devi paragonare con i soldi che fa papà, è questo che sbagli perché papà oltretutto se guadagna bene e tanto è anche perché ci sono state delle coincidenze fortunate. È bravo, ha potuto entrare nel mondo della politica grazie a suo padre, grazie a un certo giro della politica, lavori pubblici, eccetera. E non è detto tra l'altro che in futuro sarà sempre così.[9]

E per ultimare il quadro, ecco il dialogo tra un imprenditore e la sua fidanzata:

---

[8] repubblica.it, 1° ottobre 2015.
[9] huffingtonpost.it, 17 marzo 2015.

Lo so che funziona così, non ti preoccupare, solo che la questione è che incontrarlo e basta... Allora, io ci sono già stato all'estero quindi so come funziona ma alla prima... alla prima la bustarella non si porta mai. Prima mi dici cosa... Io ti dico cosa posso fare e tu mi dici cosa puoi offrirmi. Alla seconda è perché tu hai qualche cosa da offrirmi e io ho qualcosa da darti. Funziona così, praticamente preferisco non incontrarlo un primo ministro che alla prima chiede... Solo dopo si valuta il sacchettino.[10]

Il medesimo imprenditore parla poi in auto con la sorella che, nella ricostruzione dell'accusa, gli porta una somma di denaro oggetto di una tangente. «Me li devi separare. Cinque, cinque e la differenza è mia.» L'imprenditore non è affatto preoccupato di coinvolgerla nel traffico illecito, né prova alcuna vergogna per il suo operato. L'unica remora è di natura tecnica. «Mai dire una cosa del genere al telefono» la ammonisce, temendo di essere intercettato.

La dimensione familiare della corruzione è un dato sempre più presente nei dialoghi intercettati dalle forze dell'ordine.

«Mia moglie è dalla parte mia» racconta un magistrato accusato di corruzione a un amico al quale rivela anche la sua unica preoccupazione, il riciclaggio del denaro delle tangenti. «Dove cazzo li metto 'sti soldi? Se avessi potuto mi ero già comprato una casa, due. Non lo posso fare, a chi cazzo le intesto... in qualche maniera 'sti soldi li devo riciclà come cazzo faccio sennò?»[11]

Una consulente finanziaria, accusata dalla procura di essersi messa «a completa disposizione» di un clan affiliato alla

---

[10]  lanazione.it (ed. Firenze), 2 ottobre 2015.
[11]  roma.fanpage.it, 22 marzo 2015.

'ndrangheta «fornendo consulenza e opera professionale per gli affari gestiti dal gruppo criminale», indica come sia «un grande onore» essere stata scelta dal boss quale professionista di fiducia e non ha alcuna difficoltà o vergogna a raccontare al padre tutti i dettagli dell'incontro:

> È il numero due della Calabria, della 'ndrangheta, però è un imprenditore, comanda tutta Reggio, rappresentano centoquaranta aziende, non lavorano con la droga, sono diversi, però lo sgarro a loro non si fa... Lui mi ha detto che non ci sono problemi, quando lui mi dice così io sono tranquilla... È una cosa semplice babbo... La commissione casualmente non sarà di [NOME CITTÀ], sarà... di [NOME CITTÀ].[12]

E conclude la conversazione con una frase che sintetizza in poche incisive parole tutto il marcio del sistema: «Oh ragazzuoli, funziona così, eh».

In un altro caso moglie e marito insieme in auto si recano – secondo gli inquirenti – a consegnare una tangente e il dialogo è surreale:

> – È un po' presto.
> – Dove li hai messi?
> – Li metto dentro agli altri venti?
> – Sei ansiolitica.
> – Perché si vede?
> – Ormai ti conosco.
> – Tra l'altro ne ho pure centodieci da dargli.
> – Non c'è nemmeno la finanza qua fuori. Sei pure fortunata. Che fuori dai caselli è facile trovarla.
> – Fanno bene a esserci.

---

[12] bolognatoday.it, 22 aprile 2016.

– Ti caghi sotto.
– Che fai? Ti nascondi?
– Non è quello lì che ti sta guardando?
– Non ha mai avuto la Mercedes ML.
– L'Audi o la Smart o la Vespa rossa. L'ultima volta è venuto con la Vespa rossa...
[...]
– Sale in macchina?
– Vado io!
[...]
– Li ho contati un sacco di volte. Spero che siano giusti. E glielo dico, se manca qualche cosa... di dirmelo.

Il marito, tornato in automobile dopo aver consegnato la presunta tangente, afferma, riferendosi alla persona che ha ricevuto la somma: «Questo ha il potere vero che è diverso da [NOME]... perché questi arrivano al punto».[13]

*«Hai dato il biscotto a quello?» Anche mogli, fidanzate e sorelle: tutti per uno, uno per tutti*

Ma la corruzione non è solo un male che si trasmette di generazione in generazione.

Dalle intercettazioni riportate dalla stampa emerge come, all'interno del nucleo familiare, destinatari di questi insegnamenti siano anche gli altri membri, spesso addirittura le fidanzate.

Il rapporto familiare diventa anche il luogo in cui trovano spazio e vengono neutralizzati i sensi di colpa che talvolta assalgono gli attori di questo scenario del malaffare.

---

[13] ilfattoquotidiano.it, 10 dicembre 2011.

Il dialogo tra un imprenditore e la moglie è emblematico:

– Io mi sono stufato... adesso esce il bando, a [CITTÀ] c'è la cosa... l'ampliamento, e bisogna imbroglià, bisogna parlare con... io vivo di imbrogli, è una cosa impressionante, non faccio altro, non faccio altro... Io vivo di cose... da galera.
– Bisogna che le cose vengono fatte bene, perché nonostante tu rischi la galera, poi le cose vanno fatte, non è che rischi la galera e poi andiamo al mare.
– Il 95 per cento delle cose di cui mi occupo son reati, sono cose vietate dalla legge! Perché di cosa mi occupo? Mi occupo di favorire che [NOME SOCIETÀ] vinca le gare... Ma è possibile che la mia vita si occupa solo di cose delittuose? [...] Io mi occupo solo di cose illegali! Quando sono sceso dal treno c'era [NOME] che mi aspettava... di che cosa abbiamo parlato? Di delitti!! [...] Devo stare ai margini della legalità... la legalità trombonesca [...] per assicurare il futuro a gente che possa avere un suo ruolo... Ma chi cazzo me lo fa fare...
– Come giustamente dici tu, non è la bravura... è pagare mazzette.

In un'altra conversazione tra le stesse persone è la moglie a suscitare il dibattito:

– Perché, abbiamo promozioni senza pagare? Praticamente non esistono.
– Paga le mazzette. Tutti i contratti sono così. Paghino, paghino le mazzette, dai forza, vediamo chi paga le mazzette. Perché se non ci fosse quello, crolla tutto.[14]

---

[14] abruzzoweb.it, 16 gennaio 2012; primadanoi.it, 17 gennaio 2012.

# Malaffare e burocrazia. La corruzione 2.0

*«Devo pagare una polpetta a un cliente.» Che relazione c'è tra burocrazia e corruzione?*

La corruzione e il malaffare si nutrono di burocrazia.

Crescono al crescere della complessità degli oneri burocratici e della proliferazione normativa che fanno diventare i funzionari arbitri del procedimento amministrativo, aprendo la strada dell'illecito a quelli disonesti.

Appalti, licenze commerciali e concessioni edilizie sono i settori più sensibili al manifestarsi di fenomeni corruttivi e, al tempo stesso, quelli più caratterizzati da instabilità normativa e difficoltà di interpretazione della disciplina.

La normativa sugli appalti è stata riscritta integralmente da poco, dopo essere stata per oltre un decennio aggrovigliata in una selva di oltre mille disposizioni modificate duecentoventitré volte negli ultimi otto anni, fino al punto da renderle difficilmente comprensibili e applicabili.[1]

La normativa sulla Dia, la denuncia di inizio attività, che dovrebbe rappresentare lo strumento della liberalizzazione delle attività commerciali e degli interventi edilizi minori, provvedimento in grado di dare respiro all'econo-

---

[1]   ilsole24ore.com, 25 agosto 2014.

mia assicurando la possibilità di aprire un negozio o di ristrutturare un immobile, è cambiata più di dieci volte in dieci anni.

Gli imprenditori vedono accrescersi il peso dell'incertezza negli investimenti, mentre i cittadini rimangono prigionieri di un sistema che sembra incapace di dare risposte certe e prevedibili.

In questo modo la complessità dell'apparato amministrativo deprime la vitalità dei funzionari efficienti ed è lo schermo migliore dietro al quale possono nascondersi quelli pigri e quelli disonesti.

Diverse teorie economiche mettono in rilievo come la complessità delle regole favorisca la scarsa trasparenza e la diffusione della corruzione. Il proliferare degli adempimenti dovuti moltiplica le occasioni in cui i funzionari disonesti possono ostacolare le attività dei cittadini e degli imprenditori.

La scarsa chiarezza della norma consente interpretazioni ondivaghe che possono aprire la strada ad atteggiamenti vessatori. La complessità e la scarsa chiarezza normativa sono gli strumenti che realizzano rendite parassitarie in capo agli amministratori corrotti[2] che possono trarre i loro vantaggi tanto dal fare quanto dal non fare.[3]

---

[2]   Nadia Fiorino, Emma Galli, *La corruzione in Italia*, il Mulino, Bologna 2013, p. 55 sgg.

[3]   Raffaele Cantone ne *Il male italiano* (con Gianluca Di Feo, Rizzoli, Milano 2015) afferma che «[la burocrazia, *ndr*,] all'ombra della sua lentezza e della sua vocazione a rinviare, ha sviluppato un meccanismo perfetto per tutelare interessi spregiudicati: quello della "non decisione". La prassi degli uffici pubblici sembra essere diventata la seguente: "Io di regola non prendo decisioni, quindi se ci tieni che la pratica vada a buon fine, devi pagare"».

Non è un caso che le organizzazioni internazionali pongano quale obiettivo prioritario degli Stati la realizzazione di un quadro istituzionale chiaro e certo e che porti a una riduzione degli oneri per le imprese.[4]

La corruzione è dunque lo strumento che permette di oliare gli ossidati ingranaggi della macchina burocratica. In questo modo, una pratica che va ad accumularsi come ultima di un mucchio interminabile di altre pratiche, pagando, può diventare la prima ed essere smaltita.

Il pagamento di una tangente può diventare una soluzione qualora ci sia la necessità di sottoporsi a un intervento chirurgico ma i tempi di attesa sembrano lunghissimi.[5]

Lo stesso accade nel campo dell'imprenditoria, dove per aprire un'attività le autorizzazioni da ottenere e le procedure da seguire sono complesse e il costo di una tangente può essere di gran lunga inferiore al costo dell'attesa dell'espletamento di tutte le pratiche necessarie.

Il rapporto tra tangente e tempo è stato oggetto di ampia elaborazione da parte delle discipline economiche che hanno messo in rilievo come, in un contesto di normativa complessa e di difficile interpretazione, la corruzione potrebbe paradossalmente diventare un fattore di crescita delle imprese, consentendo di superare l'inefficienza della burocrazia, risparmiare tempo e acquisire complicati provvedimenti autorizzativi che altrimenti avrebbero rischiato di non ottenere o avrebbero ottenuto con maggiori costi di transazione.[6]

La tangente è, insomma, l'olio che lubrifica una macchina

---

[4]   Per approfondimenti, si veda il sito dell'Ocse al link: www.oecd.org/gov/ethics/public-procurement.htm.

[5]   retenews24.it, 21 ottobre 2015.

[6]   Per un'ampia disamina di questo tema si rinvia a Nadia Fiorino, Emma Galli, *op. cit.*, p. 80.

amministrativa elefantiaca i cui ingranaggi sono difficili da
mettere in movimento.

Di questo sembrano perfettamente consapevoli imprenditori e funzionari.

«In Italia la macchina va oliata, devo pagare una polpetta
a un cliente, tu sei in grado di farmeli avere?» afferma un
imprenditore subito dopo essersi rivolto a un bancario per
ottenere una somma destinata, secondo l'accusa, al pagamento di una tangente.[7]

I funzionari, come sostenuto dalla Corte dei conti, sono
«in grado di accelerare, rallentare o evitare passaggi pro-
cedurali».[8]

«Più i procedimenti sono complessi e più è facile intervenire per semplificarli chiedendo qualcosa in cambio.»[9]

In questo modo il malaffare costituisce davvero il sistema
più efficiente, in quanto paradossalmente più economico,
per lubrificare i farraginosi percorsi della pubblica amministrazione.

È dunque nello stato di confusione e lentezza in cui versa
una parte della pubblica amministrazione italiana che può
concretizzarsi l'occasione per l'insinuarsi di intenti illeciti,
sia per i soggetti che possono strumentalizzare il proprio
ruolo istituzionale per offrire soluzioni in cambio di un
proprio tornaconto, sia per chi, pagando, riesce a soddisfare
i propri interessi. Inoltre non ci sono motivi per dubitare
del fatto che vi sia, da parte di questi, una volontà di mantenere questo stato di confusione dal quale possono trarre
vantaggio personale.

---

[7] laprovinciadivarese.it, 16 maggio 2014.
[8] Si veda il link: www.cortecontiit/export/sites/portalecdc/_documenti/
chi_siamo/audizioni/audizione_12_3_2014.pdf.
[9] rainews.it, 20 novembre 2014.

*«La pratica è stata sistemata.» La nuova figura del facilitatore*

In questo quadro l'estro inventivo dei funzionari infedeli, ben consapevoli dello strapotere di cui godono nel decidere della vita e della morte delle pratiche loro assegnate, assume talvolta caratteri grotteschi.

Un agente della polizia locale, condannato in primo grado, sarebbe giunto perfino a pubblicizzare la sua attività illecita su un sito web con un incredibile annuncio: «Mi chiamo Danny, risolvo "mooooooltissimi" problemi. Garantisco il risultato al 99 per cento».[10]

A quanti lo contattavano al telefono, veniva chiesto – nella ricostruzione della sentenza – di lasciare una busta presso un'edicola per ottenere l'annullamento delle multe, che venivano intestate a stranieri ignari o a titolari di pass per invalidi.

Talvolta, in cambio dell'aiuto offerto, venivano chiesti denaro, favori o anche semplicemente cassette di frutta.

La complessità della normativa e il grande fardello di oneri amministrativi trasforma la corruzione, che diventa spesso diffusa e preventiva. La tangente interviene ancora prima che ci sia la necessità di rimuovere un ostacolo.

In questo nuovo contesto diventa sempre più difficile ritrovare il classico schema della corruzione che vede il coinvolgimento di due attori che si incontrano, prendono accordi e danno luogo allo scambio. Il meccanismo diventa molto più complesso e articolato.

Il risultato di questa evoluzione è la nascita di una forma di corruzione «affaristico-organizzativa», una sorta di «contro-amministrazione illecita» che si contrappone a quella legale.

---

[10] ilgiorno.it, 5 novembre 2015.

Nel tentativo di «sburocratizzare» la pubblica amministrazione si crea una burocrazia illecita che si avvale di amministratori che piegano la loro funzione al gruppo economico criminale di riferimento.

Il dualismo corrotto e corruttore si dissolve in un unico grande meccanismo, in cui gli attori in gioco si moltiplicano e diventa sempre più difficile distinguere chi veste i panni del corruttore da chi veste, al contrario, quelli del corrotto.

Un recente studio della presidenza del Consiglio dei ministri mette in evidenza che dalle inchieste emerge che non di rado:

- il pubblico agente corrotto si impegna non già a adottare un atto del proprio ufficio, quanto piuttosto a far valere il suo peso istituzionale sul pubblico agente competente all'emanazione dell'atto cui è interessato il corruttore, esercitando un'attività di influenza;
- la prestazione resa dal corrotto, lungi dal materializzarsi in un'attività ben determinata, quale l'adozione di uno specifico atto amministrativo, finisce per «rarefarsi», avendo a oggetto la generica funzione o qualità del pubblico agente, il quale si impegna ad assicurare protezione al corruttore nei suoi futuri rapporti con l'amministrazione;
- la stessa tangente, anziché consistere nella classica dazione di denaro, è occultata da articolati meccanismi di triangolazione.[11]

Emerge una nuova figura che domina questa corruzione 2.0: il «facilitatore». Si tratta di un soggetto dotato di un'ampia

---

[11] *La corruzione in Italia per una politica di prevenzione*, Rapporto finale della Commissione per lo studio e l'elaborazione di proposte in tema di trasparenza e prevenzione della corruzione nella pubblica amministrazione, ottobre 2012.

rete di amicizie e di conoscenze, in grado, per questo, di intervenire nei procedimenti di formazione della volontà della pubblica amministrazione quando non addirittura della magistratura.[12]

È questo il ruolo che sembra incarnare un funzionario pubblico siciliano che, secondo l'inchiesta, era conosciuto ai suoi «devoti» nientemeno che con il nome di «san Salvatore» per la sua straordinaria capacità di far ottenere, (dietro compenso) a coloro che vi si rivolgevano, «la grazia» di avere delle facilitazioni nei procedimenti amministrativi della burocrazia regionale, intervenendo in settori che nulla, ma proprio nulla, avevano a che fare con le sue competenze istituzionali.

Infatti affermava che: «Niente succede in Sicilia che non ci sia dietro san Salvatore». Gli imprenditori nutrivano una totale fiducia nei suoi confronti al punto da definirlo «santo» e da rivolgersi a lui con queste parole: «Se in questo scenario tu ci dici che c'è da fare una cortesia a qualcuno... perché è normale che possano servire... sono tattiche propedeutiche a una facilizzazione».

Tattiche propedeutiche a una facilizzazione: non quindi tangenti inquadrate in un rapporto di *do ut des*, di scambio, ma favori e rapporti genericamente volti a snellire la pratica.

È lo stesso «san Salvatore» a rassicurare i suoi interlocutori sull'effettivo buon esito di quanto richiesto. Non è in grado di dire se sarà necessario pagare, e, se sì, quanto. Non sa «la cortesia che loro faranno che... costo avrà», ma

---

[12] Ne *Il facilitatore* (Feltrinelli, Milano 2015) Sergio Rizzo lo definisce icasticamente «un soggetto portatore di un'ampia rete di relazioni sia nell'ambito pubblico che in quello privato con controparti disponibili a partecipare allo scambio. Il facilitatore collega tra loro una serie di scambi corrotti che coinvolgono un ampio insieme di soggetti diversi».

è sicuro della sua capacità di sbloccare la questione: «Già la prossima settimana ci dovrebbe essere il progetto con tutte le autorizzazioni pronte... quando uno imbocca la strada giusta tutte le porte sono aperte».[13]

Nella ricostruzione degli inquirenti questa sorta di «mediatore amministrativo», attraverso regalie e favori di vario genere, è in grado di raggiungere politici e amministratori di diversi uffici e competenze. Riesce perfino a superare il cambio di governo regionale che porta a una modifica degli interlocutori, finché l'imprenditore può annunciare al telefono che «la pratica è stata sistemata». Confida divertito a un suo amico che il presidente dell'autorità di vigilanza sul settore, stupito della celerità dell'iter burocratico, gli avrebbe chiesto: «"Come avete fatto, avete pagato?" mi ha detto. Giuro, ha detto... "Come avete fatto... solo due anni, ma siete stati bravissimi" mi ha detto... pensa te».

Con qualche cortesia alla persona giusta – perché, come affermano nei colloqui intercettati, «è normale che [le cortesie, *ndr*] possano servire» – si ha la possibilità di aprire tutte le porte e vincere gli infernali meccanismi burocratici che troppo spesso inghiottono gli imprenditori che decidono di investire nel nostro paese.

Prende corpo così questa figura inedita: il «facilitatore», che svolge un ruolo di intermediazione volta ad aggirare le difficoltà burocratiche.

Lo dice espressamente al pubblico ministero, durante un interrogatorio, uno degli indagati in uno dei più recenti processi per corruzione: «Quei cinquemila erano per la mia funzione di facilitatore...».

Al magistrato stupito che gli chiede cosa sia il facilitatore, risponde: «Se ci sono difficoltà nelle procedure, allora avere

---

[13] livesicilia.it, 25 luglio 2014.

una conoscenza dei dirigenti delle amministrazioni facilita il percorso».[14]

Una vera e propria mediazione burocratica, insomma.

*«Bisogna vendersi come le puttane.» Le relazioni personali sono un patrimonio e sono apprezzate anche nelle amministrazioni*

Il facilitatore vive di relazioni personali. La sua forza è data dall'essere inserito in un'ampia rete di conoscenze e amicizie in ambienti diversi, che gli consente di raggiungere qualsiasi autorità gli sia utile per il conseguimento dell'obiettivo.

La famosa teoria dei sei gradi di separazione, secondo cui ogni persona può essere collegata a una qualunque altra attraverso una catena di conoscenze e relazioni con non più di cinque intermediari, è annientata dalla ragnatela di relazioni di cui gode il facilitatore che si pone al centro del sistema politico e amministrativo, spesso senza neppure farne parte.

«I rapporti personali contano, no?» si domanda un imprenditore discutendo con un suo conoscente del modo più efficiente per aggiudicarsi gare di appalto.[15]

Contano così tanto che il presidente di un'importante società pubblica riferisce in un'intervista che una sua dirigente, poi arrestata perché implicata in un presunto giro di mazzette, durante il colloquio di valutazione a cui l'azienda aveva sottoposto i suoi manager, aveva insistito molto sulle sue conoscenze con politici e imprenditori, non ritenendo di fare riferimento invece alle sue capacità professionali.[16]

---

[14] repubblica.it, 12 giugno 2015.
[15] allnews24.eu, 13 ottobre 2015.
[16] archivio.notizie.tiscali.it, 24 ottobre 2015.

D'altra parte, è sempre la «rete di relazioni» a proiettare la segretaria di un politico – coinvolta in un'inchiesta per corruzione – nell'empireo del consiglio di amministrazione di importanti imprese di costruzione compromesse in uno dei più importanti scandali nazionali degli ultimi anni.[17]

Sempre la rete di relazioni personali è al centro di un'intervista rilasciata dal responsabile delle relazioni istituzionali di un'impresa coinvolta in un'altra importante inchiesta: «È evidente che [l'impresa, *ndr*] aveva tutto l'interesse a mantenere dei buoni rapporti con la politica non... finanziare, contribuire e quant'altro... Fa parte dei rapporti di buon vicinato, di considerazione, di promozione, di benevolenza. Si vive anche di relazioni e le relazioni possono essere una risorsa importante in questo tipo di lavoro».

E gli interlocutori evidentemente devono essere scelti con cura perché continua: «Non credo che si regalino soldi a caso».[18]

I contatti giusti con le persone giuste vanno presi immediatamente ed è così che di fronte alla richiesta: «Ci servono amici»,[19] la macchina si attiva. D'altro canto «bisogna vendere il prodotto amico mio, eh. Bisogna vendersi come le puttane».[20]

A ogni cambio di amministrazione la macchina dei rapporti si mette in moto.

Bisogna andare «in giro per i dipartimenti a salutà le persone, vendere il prodotto».

Cambiata l'amministrazione sono cambiati i punti di riferimento e così un imprenditore si rivolge al suo sodale per-

---

[17] repubblica.it, 18 giugno 2014.
[18] allnews24.eu, 13 ottobre 2015.
[19] archivio.corriere.it, 14 giugno 2014.
[20] ilfattoquotidiano.it, 4 novembre 2015.

ché prenda contatto con i nuovi potenti: «E allora mettiti la minigonna e vai a batte cò questi amico mio... eh... capisci».

Ciò comporta un iniziale investimento – «Bisogna mettere venti stecche in forno per tirarne fuori dieci»[21] – che porta presto i suoi frutti.

Infatti la logica del corrotto è semplice, come spiega metaforicamente un funzionario: «Tu dare denaro vedere cammello, pagare di più cammello anche camminare, appena non dare più denaro, cammello smettere di camminare... Poi si ferma e aspetta l'acqua».[22]

Molto importante è «mascherarsi», «non schierarsi mai», corteggiare tutte le parti politiche, come dice questo imprenditore intercettato in un'altra inchiesta: «Io aiuto tutti, nella campagna elettorale ci sono trentamila euro a disposizione e sono cinque per questi, dieci per quelli e venti per quell'altro».

Raccontando a un altro imprenditore del colloquio avuto con un politico che gli avrebbe fatto richiesta di una sponsorizzazione, afferma:

Questi vogliono lo sponsor, allora io gli ho detto: se lavoro ti faccio lo sponsor, ma se non lavoro... Vabbè, ma tremila euro, cinquemila euro che cazzo te fanno per te? Non è niente! Allora io ho detto cinque a te due a un altro tre a un altro e sò passati diecimila euro e che cazzo famo? Fammi entrare su delle attività, [se, *ndr*] mettemo seduti e ragionamo, capito qual è a cosa?

Il politico – continua l'imprenditore – «è della corrente opposta di quelli che mi stanno dando una mano perché [...] dentro quel giro devono starci tutti».[23]

---

[21] lastampa.it; 14 maggio 2014.
[22] lanazione.it (ed. Toscana), 4 ottobre 2011.
[23] ilfattoquotidiano.it, 11 dicembre 2015.

## *«Gli comprava anche la carta igienica.» L'economia dei favori*

La tangente non è più solo in denaro, si smaterializza. Si è correttamente affermato che nell'ultimo decennio si è passati dall'economia delle mazzette all'economia dei favori e in effetti uno dei tratti ricorrenti che emerge dalle inchieste è l'assenza di scambio di denaro.

«Ancora fermi alle bustarelle» afferma quasi divertito un imprenditore, ignaro di essere intercettato, commentando la rozzezza del giro di tangenti riscontrato nell'inchiesta Expo.

E, in effetti, il sistema corruttivo per il quale era inquisito era ben più sofisticato e dominato dal carattere ormai diffuso della smaterializzazione della tangente.

Nel caso di specie, come spiegato dal magistrato inquirente: «Il sistema corruttivo era basato sullo scambio di incarichi professionali, molti amministratori coinvolti erano essi stessi progettisti che venivano compensati con assegnazione di incarichi in altri comuni, in sostanza erano tangenti sulle quali si pagavano regolarmente le tasse».[24]

Dalla tangente per avere il lavoro, cui ci ha abituato la cronaca in materia di concorsi pubblici,[25] al lavoro come tangente.

I rapporti personali si pongono al centro del malaffare e addirittura la stessa relazione prende il posto della tangente: amicizie negli uffici, capacità di accesso nei palazzi del potere e influenza invece che denaro.

Certo i soldi continuano a circolare, pur tra le mille restrizioni all'uso del contante imposte dalla legislazione bancaria. «Tu come fai i pezzettoni da cinquecento che hai su... in mansarda? È un casino adesso versarli. Quant'è che c'è su, quindicimila

---

[24] cronachenuoresi.it, 28 aprile 2015.
[25] ilmessaggero.it, 14 dicembre 2015.

euro?» afferma un indagato parlando con la compagna qualche giorno prima che la guardia di finanza, durante una perquisizione nella sua abitazione, trovasse una cospicua somma di denaro contante congelata nel freezer di casa.[26]

In un altro caso i finanzieri ascoltano in diretta il rumore del conteggio del denaro sullo sfondo di questo dialogo che sembra eloquente:

– Sì li ha fatti in pezzi grossi stavolta.
– Mi viene da ridere perché questo come cazzo li fa, eh. Quattro e cinque, vedi se è quattro e cinque.
– Uno, due, tre, quattro.
– No, sono cinque.
– Sono cinque.[27]

Quando la tangente è in denaro il problema diventa quello di nasconderlo:

Io sai cosa avevo pensato l'altro giorno? Stacco il faro della macchina e faccio [incomprensibile, *ndr*] nella carrozzeria... gli levo le targhe e la porto giù... con un flessibile la taglio, compà! Un semirimorchio avevo... con il camion... facciamo un viaggio per la Sicilia... noi altri con la macchina e il camion appresso.

Sai che ho pensato? Che ora faccio il lavoro di muratura... e sistemo questo vano scala... faccio un buco... sigillato... e butto tutte le cose là dentro... Vallo a fare nel c..., quando è domani scavo con il martello e piglio tutte le cose... in modo anche se vengono con la macchinetta... c'è il ferro della scala... e quelli [la polizia, *ndr*] cercano o ferro o soldi... non li sentono

---

[26] lastampa.it, 18 febbraio 2016.
[27] «La Nazione», 8 luglio 2016.

i cani, perché li metto sottovuoto e poi ci metto le spezie... il sottovuoto un'altra volta... poi ci metto il contenitore, quello chiuso ermetico.[28]

È indubbio però che la tangente assume conformazioni sempre più sofisticate. Le dazioni prendono talvolta le forme più curiose: non solo le classiche consulenze, ma anche complessi meccanismi finanziari.

«La società si aggiudicava l'appalto – ottenendo, ad esempio, il finanziamento pubblico per la metanizzazione –, il valore di quelle quote schizzava in alto. Così quello che era stato pagato cento poteva essere rivenduto a centomila, e chi era stato bravo a ungere le ruote poteva riscuotere il premio. Senza quelle imbarazzanti bustarelle di una volta» racconta un imprenditore durante un interrogatorio. In questo modo il corrotto «può finalmente arricchirsi evitando l'imbarazzante e pericolosa consegna di una busta piena di banconote, di una valigetta zeppa di contanti, di un pacchetto di lingotti d'oro o di scatole dei gianduiotti come usava una volta quando la corruzione era ancora una pratica rozza gestita da tangentari di prima generazione».

È il meccanismo con cui si può «comprare a dieci e rivendere a mille».[29]

La pratica non sembra inusuale. Afferma davanti ai magistrati una protagonista dell'inchiesta Mose che tra le forme di «retribuzione» dei funzionari pubblici da parte degli imprenditori c'era quella di «intestare quote di società che avrebbero poi guadagnato ingenti somme dal project financing a prestanome dei politici di riferimento».[30]

---

[28] «Il Giorno», 7 luglio 2016.
[29] blitzquotidiano.it, 7 aprile 2015.
[30] ilfattoquotidiano, 10 luglio 2014.

Altre volte la presunta tangente prende corpo in beni di tutti i generi: «auto sportive, barche di lusso, villa con piscina, prestigiosi mobili, nonché la frequentazione di costosissimi alberghi per i suoi spostamenti in Italia. Soggiorni settimanali a Milano in hotel da mille euro a notte». Il massimo della spesa, però, arriva per il viaggio a Dubai. «Volo in business class per Dubai e trasferimento in limousine da e per l'aeroporto» scrivono i pubblici ministeri negli atti di accusa in una recente inchiesta,[31] ma anche la festa di compleanno della moglie con torta da circa novecento euro e «bagnetto in piscina».[32] Perfino la carta igienica: «Cioè gli comprava anche la carta igienica, è vero, non è una battuta» afferma uno degli indagati in una recente inchiesta.[33]

Tra i beni per la casa che possono essere regalati c'è anche la televisione, e c'è chi cerca di trovare il modello giusto che possa ripagare appieno il favore ricevuto: «Io lo faccio uguale a tutti e due, oppure faccio a uno il 46 pollici e all'altro il 42 pollici... allora faccio il 46 pollici all'assessore, e all'altro faccio un 40 pollici [...] Forse meglio farlo uguale anche per il nostro amico... che è bravino... non vorrei mortificarlo, tanto la differenza è di circa cinquecento... settecento euro».[34]

Non mancano lavori di ristrutturazione,[35] motori per le barche, biglietti del teatro, lavori domestici, prosciutti e cesti natalizi,[36] perfino lavori di manutenzione della caldaia di casa:

---

31  noicaserta.it, 6 giugno 2014.
32  ilmessaggero.it, 9 giugno 2014.
33  huffingtonpost.it, 5 giugno 2014.
34  livesicilia.it, 25 luglio 2014.
35  milano.corriere.it, 13 ottobre 2015.
36  corriereadriatico.it (ed. Ancona), 20 gennaio 2016.

*Funzionario* – A questo punto, a me, per carità, voi siete la [NOME DITTA CALDAIE] fate come vi pare, io, o me la cambiate, quello che le volevo chiedere io, o me la cambiate, e sennò io pongo il veto a che nel comune di [NOME CITTÀ], negli edifici pubblici, non ci siano caldaie [NOME DITTA CALDAIE], tutto qua, ecco.
*Ditta* – Sembraaaa...
*Funzionario* – È una richiesta che gli fo, o mi cambiate questa caldaia, me ne mettete una che non ha... non difettosa e sennò io pongo il veto, e per carità, voi dite un me ne frega nulla, e neanche a me, a che nel comune di [NOME CITTÀ], negli edifici pubblici di cui io sono responsabile, non ci sia più una [MARCA CALDAIE], punto. Decidete voi insomma. A questo punto sa.

Poco dopo il funzionario viene rassicurato da un'altra telefonata: «Ho parlato con la [NOME DITTA CALDAIE], ti sostituiscono la caldaia: Auguri di buona Pasqua».[37]
Ma la fantasia non sembra avere limiti. Dagli atti dell'accusa emerge che ci sarebbe pure chi, come prezzo della sua attività, avrebbe preteso nientemeno che un escavatore da regalare a un familiare. È questo l'incredibile dialogo registrato tra il familiare che avrebbe utilizzato il mezzo e l'indagato:

– Senti a me è meglio un escavatorino diciotto quintali o 'na piccola terna?
– Escavatore, non la terna, la terna non ci fai niente.[38]

Un capitolo a parte meritano le raccomandazioni sul lavoro e le consulenze.

---

[37] lanazione.it (ed. Pistoia), 16 giugno 2012.
[38] «Il Messaggero», 4 giugno 2016.

«Vi do tutti gli appalti che volete, basta che mi fate fare carriera»[39] afferma un funzionario pubblico intercettato per una grande inchiesta in materia di corruzione. In questo caso il prezzo della presunta tangente è l'avanzamento di carriera ma spesso è lo stesso lavoro a rappresentare l'oggetto dello scambio: «Noi invece avevamo risolto il problema alla nuora, che era tranquilla, abbiamo pagato il pizzo che dovevamo pagare e abbiamo avuto quell'incarico».[40]

Il lavoro dato alla nuora di un personaggio influente porta un incarico al datore di lavoro, e quando questi decide di rescindere il contratto per l'addensarsi di nubi giudiziarie su questi rapporti, la reazione degli interessati è violentissima: «Sono distrutta, incazzata – diceva al marito – non si può dire come gliela faccio pagare, non si deve presentare. No, non gliela posso passare... non si buttano a mare le persone, si rischia insieme».

*«Stamo sempre là, questo è il mondo in cui viviamo.»*
*Il valore preventivo del «favore»*

La vera nuova frontiera della tangente è lo scambio di favori in sé, in cui l'illiceità è spesso pure difficile da riscontrare perché confinante con comportamenti che sono consuetudinari e fanno parte della tipicità dei tratti culturali.

In un recente caso che è balzato agli onori della cronaca, una dirigente pubblica viene accusata di essersi prodigata, utilizzando i suoi contatti di alto livello, politici e istituzionali, per risolvere un problema che un imprenditore aveva presso una pubblica amministrazione.

---

[39] ilgazzettino.it, 8 maggio 2014.
[40] palermo.repubblica.it, 20 ottobre 2015.

«È ragionevole ritenere – affermano gli inquirenti – che l'interesse della [NOME DELLA DIRIGENTE] verso [NOME DELL'IMPRENDITORE] non scaturisca da promesse o dazioni di denaro e altre utilità, piuttosto da legami di conoscenza tra costui e ambienti della politica.»[41]

In particolare, avrebbe ritenuto la dirigente che il buon rapporto che l'imprenditore vantava di avere con un ministro avrebbe potuto favorirlo nella promozione a responsabile dell'ufficio gare e contratti dell'ente presso il quale prestava servizio.

Un favore «preventivo», insomma, in vista di un altro da ricambiare nel tempo.

Traiettorie di favori che si incrociano in una girandola che non consente più di distinguere il corruttore dal corrotto al punto che la procura, in un caso di nomine incrociate volte a pilotare l'esito di due concorsi per la nomina a primario e dirigente ospedalieri avvenute contemporaneamente, è costretta a contestare che «ciascuno nella duplice qualità di corrotto e corruttore, compiva e si impegnava a compiere atti contrari ai doveri d'ufficio produttivi di utilità per l'altro che li accettava in contropartita dei propri».[42]

È una specie di corruzione reciproca in cui il corrotto è al tempo stesso corruttore, mentre il corruttore riveste pure i panni del corrotto. Come se ciò non bastasse il corrotto viene accusato anche di concussione, il più grave reato in cui il pubblico ufficiale estorce qualcosa a un cittadino abusando dei suoi poteri.

Qui la girandola avvolge la storia in un risultato paradossale perché il corrotto concussore abusa dei suoi poteri nei confronti del corruttore a sua volta corrotto!

---

[41] canalesicilia.it, 24 ottobre 2015.
[42] quotidianodelsud.it, 6 giugno 2012.

Annota infatti l'atto di accusa che il presunto corrotto deve pure rispondere di concussione nei confronti del corruttore perché, non fidandosi di quest'ultimo, avrebbe ideato un meccanismo per spingerlo verso il risultato illecito pattuito.

In particolare, affermano gli inquirenti, «avendo timore di non conseguire la controprestazione spettantegli in forza dell'accordo corruttivo [ovvero la nomina a primario, *ndr*] abusava della qualità (e dei poteri connessi) di pubblico ufficiale, sostanziata nell'essere membro della commissione per il concorso da dirigente» spingendo a partecipare a questo concorso nel quale avevano presentato domanda candidati aventi curriculum di gran lunga superiori a quello del candidato con cui avrebbe avuto l'accordo.[43]

In questo modo frapponeva «alla vittoria della [NOME DELLA CANDIDATA] ostacoli che avrebbero potuto essere rimossi solo grazie al suo intervento» giacché tali ulteriori candidati non avrebbero avuto alcun interesse a vincere il concorso, ed essendo a loro volta legati da un accordo con il presunto concussore/corrotto/corruttore sarebbero stati pronti a ritirare la candidatura a una sua semplice richiesta.

A tutto questo si aggiungeva il fatto che lo stesso bloccava «indebitamente la procedura di espletamento di tale concorso dopo lo svolgimento delle prove scritte con l'implicito ricatto di non consentire il regolare svolgimento dell'iter concorsuale e di non permettere la vittoria della [NOME DELLA CANDIDATA CON CUI AVEVA L'ACCORDO] se non avesse prima conseguito il primariato».[44]

Questo meccanismo complicato viene ben sintetizzato dalla frase pronunciata da una dei presunti beneficiari

---

[43]  *Ibid.*
[44]  quotidianodelsud.it, 6 giugno 2012.

dell'articolato accordo appena descritto: «Il posto è mio e lo devo vincere».

Altre volte lo scambio di favori ha per oggetto l'appoggio in una competizione elettorale.

«Per metterlo in regola che tocca fà?» chiede un sindaco a un dirigente di un ufficio urbanistico che tenta di convincerlo che non è possibile, ed è pure pericoloso, rilasciare una concessione per l'apertura di un fast food dentro un deposito.

Afferma il dirigente: «[NOME] sta a posto per il 49 per cento, per il resto non sta a posto perché non possono mandare lì i ragazzi, cioè se noi avalliamo una cosa del genere diventa un problema. Quello è un deposito. Come ci fai a mettere dentro in un'attività privata i ragazzini?».

La ragione di tanta solerzia del sindaco sembra comprendersi, nell'ipotesi accusatoria, dall'ascolto dell'imprenditore che intende aprire la panineria mentre chiacchiera con una sua amica. «M'hanno chiamato dal parco giochi! E il sindaco molto probabilmente mercoledì mi dà la delibera definitiva per l'autorizzazione definitiva al parco... Ma te ne rendi conto?»

L'amica replica: «Eh... non l'avrebbe fatto sicuramente se non fosse stato ricambiato alla maniera in cui l'hai ricambiato no?».

Ribatte l'imprenditore: «Tu considera trenta posti de lavoro sò millecinquecento voti e in un comune fanno la differenza... Hai capito?».

Ancora l'imprenditore, parlando con un amico, spiega in che modo sia stata cambiata la destinazione d'uso dell'immobile, in modo da trasformare un capannone in centro commerciale: «Io con artigianale potevo aprire solo il parco giochi e non il [NOME CATENA FAST FOOD], poi hanno trovato l'escamotage per farmi... per farlo diventà subito commerciale. M'hanno fatto tipo: "Lo vuoi aprì subito il [NOME CATENA FAST FOOD]? Te lo famo diventà commerciale"».

La conclusione dell'imprenditore è veramente amara: «Stamo sempre là, questo è il mondo in cui viviamo».[45]

*«Piglia cinquemila euro al mese da tre anni...» La nuova figura del funzionario pubblico «stipendiato» dagli imprenditori*

Nel quadro di questa corruzione 2.0, corrotti e corruttori non sono più parti contrapposte di un rapporto negoziale, quanto invece protagonisti di un unico progetto che non si concentra in un solo atto ma assume spesso i caratteri di un programma indeterminato in cui si mischiano lecito e illecito.

«Il meccanismo arrivava al punto di integrare in un'unica società corrotti e corruttori – scrive il gip nel caso Mose – e non sempre è stato possibile individuare il singolo atto specifico contrario ai doveri d'ufficio.»[46]

Niente di meglio in questo quadro che disporre di risorse interne all'amministrazione ma stabilmente destinate al progetto illecito e pronte a rispondere a ogni esigenza, anche non prevista, lecita o illecita dell'organizzazione. È così che nasce la figura, pressoché inedita, del burocrate dipendente dell'amministrazione pubblica ma stipendiato stabilmente da un privato per il servizio svolto in suo favore.

È una figura diversa dal facilitatore, del quale abbiamo già parlato, perché il pubblico dipendente qui opera direttamente a vantaggio del soggetto privato facendo uso, o abuso, a seconda dei casi, dei poteri del suo ufficio. In questo modo l'imprenditore supera facilmente gli ostacoli

---

[45] roma.corriere.it, 9 aprile 2009.
[46] tgcom24.mediaset.it, 5 giugno 2014.

che la burocrazia di norma gli frappone e, quando necessario o utile, ha la possibilità di aggirare le regole assicurandosi grandi guadagni con costi limitati.

Così, se in passato era la classica mazzetta a sbloccare un passaggio burocratico, adesso il sistema è molto più complesso: i funzionari disonesti sono assunti a libro paga anche a prescindere dal compimento di un atto specifico. «Sò tutti a stipendio» ribatte un imprenditore indagato per corruzione a un altro che cerca il modo di entrare in contatto con un politico. «Al capo segreteria sua noi gli diamo mille euro al mese... al capo segreteria mille euro al mese... sò tutti a stipendio.» «Ahh» chiosa l'altro.

La cronaca, infatti, ci racconta di somme di denaro date ad alcuni dipendenti pubblici in modo costante e regolare, come se fossero stipendi. Stipendi che non richiedono un'immediata contropartita illecita da parte del pubblico ufficiale. Anzi, come emerge dalla conversazione che segue, sono versati pure nel momento in cui l'organizzazione criminale è in difficoltà, in quanto considerati un investimento per il futuro.

– [NOME] piglia cinquemila euro al mese da tre anni.
– Eh lo so.
– [NOME] piglia duemila euro al mese da tre anni e glieli abbiamo dati in tempi di pace e in tempi di guerra...
– Di guerra sì...
– In tempi di guerra, glieli abbiamo dati... cioè quando non ci avevamo più un cazzo!
– Eh lo so...
– Costavano, vabbè facciamo un investimento, e l'investimento ha pagato perché arrivano [gli immigrati, *nda*].[47]

---

[47]  Gaetano Savatteri, Francesco Grignetti (a cura di), *Mafia Capitale. L'atto di accusa della procura di Roma*, Melampo, Milano 2015;

Stipendi che remunerano talvolta le semplici capacità di entrata del funzionario pubblico corrotto, la possibilità di creare contatti con personalità utili al progetto criminale dei corruttori: «Cinquemila euro al mese e deve faticare un po'... un altro mi tiene i rapporti con [NOME DEL PRESIDENTE DELLA REGIONE] duemilacinquecento al mese. Un altro che mi tiene i rapporti al Comune mille e cinque, un altro a sette e cinquanta, un assessore diecimila euro al mese... ogni mese, eh».[48]

Talvolta il ruolo connettivo del funzionario corrotto è talmente importante che il suo stipendio in nero supera addirittura quello del manager dell'azienda che ordisce la trama corruttiva: «Lo sai a [NOME DEL FUNZIONARIO] quanto gli do? Cinquemila euro al mese... ogni mese... e io ne piglio quattromila. Me senti?».[49]

Qualcuno invece sembra più economico. Così un professionista parla con un cliente di un funzionario tributario: «Questo sta agli sgravi all'Agenzia delle entrate... scassa all'esterno... come se tu... questo mese me costa... ci costerà cinque, seicento euro al mese, quasi tutti i mesi».[50]

Non mancano i bonus per i risultati ottenuti, come la somma pagata una tantum a un funzionario pubblico già retribuito in nero con mille euro al mese per aver consentito l'incontro con un politico che a sua volta – secondo l'ipotesi accusatoria – avrebbe poi intascato una tangente di centocinquantamila euro: «No lui mi ha detto... mi ha detto... veditela con lui, io solo per mettere a sedè a parlà con [NOME] diecimila euro gli ho portato».

———
Lirio Abbate, Marco Lillo, *I re di Roma. Destra e sinistra agli ordini di Mafia Capitale*, Chiarelettere, Milano 2015.

[48] *Ibid.*

[49] *Ibid.*

[50] lastampa.it, 8 luglio 2016.

Afferma la procura, nel recente caso Mose, che un magistrato in servizio presso la Corte dei conti «avrebbe percepito da un'impresa privata "uno stipendio annuale oscillante tra i trecentomila e i quattrocentomila euro, che gli veniva consegnato con cadenza semestrale a partire dai primi anni Duemila sino al 2008" e "non meno di seicentomila nel periodo tra il 2005 e il 2006, con creazione di idonee provviste"».

Per un altro, afferma uno degli indagati, «la cosa era molto variabile, si può considerare un milione l'anno». E ancora: «Era un sistema, cioè ogni tot quando loro potevano gli davano dei soldi». «Come fosse uno stipendio?» domanda il magistrato. «Sì, di fatto.»[51]

Il denaro sarebbe stato elargito per «accelerare le registrazioni delle convenzioni presso la Corte dei conti da cui dipendeva l'erogazione dei finanziamenti concessi al Mose e al fine di ammorbidire i controlli di competenza della medesima Corte dei conti sui bilanci e gli impieghi delle somme erogate».[52]

Non ci sono solo gli stipendi, ma anche un vero e proprio «welfare» del malaffare. Nella stessa inchiesta sarebbe stata infatti individuata una somma pari a cinquecentomila euro versata dall'impresa a titolo di liquidazione in occasione del pensionamento di un dirigente pubblico già precedentemente stipendiato, e perfino somme periodiche a titolo di «pensione».[53]

Affermano i magistrati che «la mazzetta viene pagata anche quando il pubblico ufficiale corrotto ha cessato l'incarico o quando il politico ha cessato il suo ruolo a livello locale».[54]

[51] ilfattoquotidiano.it, 4 giugno 2014.
[52] ilfattoquotidiano.it, 5 giugno 2014.
[53] *Ibid.*
[54] ilpost.it, 5 giugno 2014.

In questo modo veniva creata una «rendita di posizione» che secondo i pubblici ministeri «prescindeva dal singolo atto illecito».

*«L'operazione andrà per forza in porto.» Funzionari organici al sistema e subordinati agli imprenditori*

Si crea un rapporto non più fondato sul *do ut des*, sullo scambio, ma su una cointeressenza e una profonda condivisione degli obiettivi che porta spesso a una completa abdicazione del funzionario corrotto all'imprenditore che lo finanzia. Un vero e proprio essere organico al sistema.

Per gli inquirenti i funzionari avrebbero «per anni e anni asservito totalmente l'ufficio pubblico che avrebbero dovuto tutelare agli interessi del gruppo economico criminale».[55]

Lo sostiene uno dei protagonisti di un'inchiesta durante un interrogatorio: «Il [NOME DIRIGENTE] era in subordine [all'imprenditore che, *ndr*] gli comprava... sudditanza psicologica e anche operativa...».[56]

Ecco il vero oggetto dello scambio. L'imprenditore, come afferma questo indagato, con una lucidità inquietante, non sembra comprare il singolo atto del funzionario ma acquista la sua sudditanza psicologica e operativa.

Questa sudditanza si trasforma in un'efficiente e immediata risoluzione di ogni problema.

Uno degli indagati di una recente inchiesta afferma così che, grazie all'influenza di un politico su «commissioni e assessorati», qualunque progetto sarebbe passato «senza alcun tipo di intoppo o di obiezione».

---

[55] lastampa.it, 4 giugno 2014.
[56] lastampa.it, 6 giugno 2014.

Una volta il politico sarebbe addirittura rientrato «precipitosamente in sede per far approvare un'opera [...], funzionale al cantiere, contrastata dai Verdi».[57]

In un'altra occasione l'intervento del funzionario che avverte la cricca che qualcosa non sta andando per il verso giusto in una gara di appalto è talmente spregiudicato che di fronte alla richiesta del pubblico amministratore di modificare il prezzo già offerto in una gara, avanzata peraltro per telefono, si intimorisce perfino lo stesso presunto corruttore al punto di pensare di desistere: «I ciclamini li possiamo abbassà a tre e cinquanta, punto. Ma poi non ci conviene fà 'sto lavoro... a parte questo cò 'sta telefonata non mi conviene farlo più 'sto lavoro... mò, certo esse arrestato per i ciclamini mi darebbe proprio fastidio... mò tu sei testimone, ne faccio di imbrogli... ma questo mò».[58]

Talvolta l'influenza sul funzionario corrotto non è sufficiente. La cricca non si fida della capacità tecnica degli amministratori che ha messo a libro paga. Chiede e ottiene di redigere gli atti amministrativi oppure di correggerli quando questi non corrispondono a quello che aveva immaginato.

La cricca modifica i bandi di gara predisposti dall'amministrazione in modo da poterli modellare sulla base delle sue esigenze ed essere certa della vittoria: «C'è il provveditore e c'è l'ingegnere che sta preparando il tutto... come è pronto il documento del settanta per cento viene dato a una persona fidata... va in azienda e glielo dà, lo guardano... questo non va bene, questo va bene... farlo su misura a me... il provveditore o l'ingegnere sono in sintonia

[57] ilfattoquotidiano.it, 4 giugno 2014.
[58] Gaetano Savatteri, Francesco Grignetti (a cura di), *op. cit.*

quando è pronto il capitolato che è stato fatto su misura a te e non ad altri».[59]

In un'altra conversazione sembrerebbe emergere che lo schema di un provvedimento amministrativo sia stato preparato dagli esponenti dell'organizzazione criminale, i quali si dimostrano pure in grado di infiltrarsi negli uffici di vertice delle amministrazioni fino al punto di controllare momento per momento che tutto avvenga secondo i loro piani, perfino nella riunione degli uffici che devono deliberare:

— Guarda che ce stanno a pijà per culo, i fondi del 2013 e del 2014 in questo momento ancora non ci sono.

— Aò lui sta nella riunione lì, eh, stanno avendo la riunione.

— Eh non capiscono, noi c'abbiamo.

— Io gl'ho dato pure lo schema scritto, con quello schema scritto lui deve mettere i fondi 2013-2014 sennò.

— Ho capito ma se lui sta là e me dice de chiamare... per tutto a posto... mica è rincojonito.

— E ma io vengo dal dipartimento.

— Eh ma lui... là stanno... o lui sta in riunione, eh tu stavi al dipartimento ma lui sta nella riunione.[60]

Dalla prima sentenza di condanna emerge la capacità degli imputati di intervenire direttamente nella redazione degli atti amministrativi del Comune:

— Mò gli ho visto la DD [delibera dirigenziale, *ndr*], gliel'abbiamo ricorretta, gli abbiamo messo che ritornavamo ad aprile perché la transazione era di maggio.

---

[59]  ilfattoquotidiano.it, 16 maggio 2014.
[60]  Gaetano Savatteri, Francesco Grignetti (a cura di), *op. cit.*

E ancora:

> – Sul campo F non c'ha... non aveva fatto un cazzo, quindi gli
> ho fatto riaprire il file, gli ho fatto stampare la relazione nostra,
> delle persone, protocollata, eccetera eccetera...
> – Allora io avevo reimpostato la nuova delibera dirigenziale.

Quando l'imprenditore non scrive direttamente i provvedimenti amministrativi, è in grado comunque di influenzarne
il contenuto:

> – Campo F, hanno finalmente ieri aggiunto quelle cose che noi
> gli suggerimmo prima di Natale no?
> – Poi lei ha fatto la modifica che gli ha chiesto, eccetera
> eccetera.

Altre volte instrada l'amministrazione nell'illecito suggerendo
come aggirare un ostacolo burocratico retrodatando una
relazione: «Aò sentimi, ci sta Emanuela, gli ho suggerito
eh, una relazione retrodatata».[61]

Il gruppo del malaffare riesce perfino a scrivere direttamente gli atti giudiziari sostituendosi ai giudici come nel
recente caso di un avvocato che, secondo l'accusa, dopo essersi
accordato con una delle parti e con un magistrato, scriveva
lui stesso le sentenze che il giudice si limitava a firmare.[62]

È questa l'accusa formulata anche a carico di alcuni giudici
tributari. Uno avrebbe fatto «predisporre bozze di sentenza
da consegnare ai giudici relatori» dalla commercialista,[63]
mentre in un altro caso la minuta della sentenza è stata rin-

---

61 *Ibid.*; Lirio Abbate, Marco Lillo, *op. cit.*
62 milano.corriere.it, 28 gennaio 2016.
63 ilsole24ore.com, 10 marzo 2016.

venuta, durante una perquisizione, nello studio dell'avvocato di una delle parti.[64] L'impressione che si ha dalla lettura delle intercettazioni pubblicate è che i giudici inquisiti, in questo caso, non abbiano provato nemmeno a svolgere la propria funzione, pur in modo illecito, ma abbiano abdicato completamente alla parte compiacente delegando persino la scrittura della sentenza.

Dice un giudice all'avvocato di una delle parti: «Io ho carta bianca per accoglierlo completamente... faccio accettare tutto. Io volevo questo tipo di collaborazione: lei faccia le controdeduzioni, ma non più di tre pagine però, io accolgo tutto e le do le spese».[65]

Talvolta è lo stesso giudice che si fa avanti nella ricerca dell'avvocato da agganciare: «Sono [NOME], sono un giudice della Commissione tributaria. Sto redigendo la sentenza per... mi serviva un chiarimento. Posso passare lì da lei per spiegargli».

«Ma perbacco!!!» risponde, evidentemente sorpreso e incredulo, il difensore nel ricevere una telefonata da parte del giudice della sua causa e, nella valutazione accusatoria, questo contatto serviva per intavolare un patto corruttivo in base al quale il giudice «spesso delegava agli stessi commercialisti la redazione delle sentenze ponendo le spese di giudizio a carico dell'amministrazione».

Il giudice in questione non sembra volere fare in questo caso alcuna fatica. La funzione pubblica appare completamente delegata al difensore delle parti che redige la sentenza: «Puoi anche farla tu la motivazione. [...] Queste tre paginette me le devi buttare tu giù e io poi le trasformo su carta intestata mia».

---

[64]  ilsole24ore.com, 10 marzo 2016.
[65]  iltempo.it, 10 marzo 2016.

In un'altra occasione: «Stasera mandamela... però mi serve, io la faccio subito... in modo che cotta, magnata e cucinata... okay? Fammela leggibile e fammela in Word».[66]

La cricca del malaffare riesce pure a riscrivere le delibere di controllo della Corte dei conti che non risultano perfettamente in linea con i propri programmi: così quando la guardia di finanza piomba negli uffici di un'importante impresa accusata di tenere a libro paga diversi dirigenti pubblici e perfino magistrati, trova nei computer due file chiamati uno «delibera finita pulita» e l'altro «delibera con correzioni». I file sono simili, cambiano solo le pagine finali giacché il secondo ha sei pagine in più. Secondo gli inquirenti il primo file è la deliberazione realmente assunta dalla Corte dei conti riunita in camera di consiglio. Il secondo è invece la deliberazione riveduta e corretta dai funzionari dell'impresa che sarà invece pubblicata grazie alla complicità di un magistrato. L'impresa avrebbe quindi preteso di correggere direttamente il documento, non fidandosi evidentemente neppure del proprio presunto complice.

Come riferisce l'ordinanza del giudice per le indagini preliminari «in sostanza la relazione dell'anno 2009 aveva nella sua versione originaria mantenuto ferme le censure a suo tempo proposte da una precedente relazione del 1997, citandone ampi stralci e riferendo che con il decorso nel tempo la situazione non era in nulla mutata. Ma nelle conclusioni finali la Corte si limitò a qualche precisazione più formale che altro, omettendo tutta una serie di rilievi in precedenza già formulati».[67]

Questo spiega il lungo periodo di tempo trascorso tra l'adozione della delibera e il suo deposito: «Si è dovuto

---

[66] *Ibid.*
[67] ilfattoquotidiano.it, 5 giugno 2014.

attendere che [NOME ENTE CONTROLLATO] apportasse alla relazione le correzioni necessarie».[68]

Questa sì che è cattura del regolatore da parte del regolato, il fenomeno tanto temuto dalle teorie economiche con riferimento alla capacità dello Stato di resistere alla pressione dei portatori di interesse che agiscono nel mercato.

«Noi avevamo un problema principale che era quello della velocità. E doveva essere organizzato tutto, doveva essere seguito in modo che potessimo ogni anno avere la quota di registrazione.»[69]

«Senza il visto della Corte dei conti si blocca tutto» si giustificano in un interrogatorio alcuni degli indagati. E quale miglior modo di superare l'ostacolo se non produrre autonomamente l'atto di controllo?

Se un ente di controllo appare troppo autonomo e difficile da controllare, il sistema è in grado di sostituirlo immediatamente. È quello che avviene quando un ente indicato dall'Unione europea per vigilare su un progetto che potrebbe avere un forte impatto ambientale non appare più affidabile in quanto troppo «impiccione». Un accordo tra ministero e regioni, realizzato secondo la procura da uno dei soggetti «a libro paga» di un imprenditore, e subito, come affermano gli inquirenti, «si assiste all'estromissione del [NOME ENTE] dai monitoraggi e alla sua sostituzione con la Regione che, tenuto conto della riorganizzazione, poteva preludere, come in effetti poi è emerso, ad accordi di tipo corruttivo tra i vertici della [NOME DELL'IMPRESA] e i vertici della Regione, finalizzato a facilitare gli iter autorizzativi».[70]

---

[68] *Ibid.*

[69] linkiesta.it, 4 giugno 2014.

[70] lettera43.it, 4 giugno 2014.

Il novero dei politici e dei funzionari pubblici stipendiati era molto ampio e, oltre agli enti di controllo, comprendeva varie figure, dal più semplice funzionario fino a coloro che ricoprivano cariche dirigenziali. Tutti assunti dal consorzio e asserviti alle sue esigenze.

Nulla era impossibile negli uffici pubblici più importanti, al punto che uno degli indagati, scolpendo involontariamente il volto della sudditanza psicologica del pubblico marcio nei confronti del privato spregiudicato, può affermare che: «Basta portare lì [negli uffici, *ndr*] anche la carta igienica usata che te la firmano».[71]

*«Questi consiglieri comunali devono stare ai nostri ordini.»*
*La politica sottomessa*

Dalla sudditanza psicologica alla sottomissione il passo è breve, così ben presto chi ha a libro paga i funzionari pubblici inizia a comportarsi da padrone con un linguaggio degno della peggiore commedia all'italiana.

«"Alza il culo e vieni qua" urla una dirigente di un'impresa pubblica a un assessore regionale comodamente seduto al ristorante e il politico – affermano gli inquirenti nell'atto di accusa – si affretta a recarsi immediatamente da lei "rassicurando che non vi sarebbero stati problemi" e "le modalità perentorie con cui la [NOME DELLA DIRIGENTE] dice a [NOME DELL'ASSESSORE] di venire subito sono più proprie del modus di riferirsi a un dipendente subordinato che a un assessore regionale".»

In un'altra occasione gli atti processuali raccontano che la medesima segretaria convoca un assessore, gli fa fare anti-

---

[71] mattinopadova.gelocal.it, 5 giugno 2014.

camera e, quando finalmente lo riceve, gli «impartisce una serie di disposizioni» finché, infastidita dall'atteggiamento poco fattivo del politico, urla: «Cazzo, cerca di lavorare! Sono tutti incazzati neri».[72]

In un'altra occasione ancora – annota il giudice per le indagini preliminari –, la stessa persona chiama un assessore «e praticamente gli ordina di raccomandarla al ministro». Gli «rinfaccia di non esser stato lui a raccomandarla. [NOME DELL'ASSESSORE] dice che adesso lo chiama subito e lei gli dice di chiamare [NOME DEL MINISTRO] tra mezz'ora perché adesso lo chiamerà lei e poi [NOME DELL'ASSESSO-RE] potrà dire a [NOME DEL MINISTRO] di mettersi a sua disposizione».[73]

Non va diversamente in altre zone d'Italia dove il presunto capo di un'organizzazione criminale dedita al controllo dell'economia locale e avvezza a mettere a libro paga i politici locali può permettersi di affermare: «Ma questi i consiglieri comunali devono stare ai nostri ordini». Poi parlando di un presidente di commissione aggiunge: «Questo se ne va a fanculo... ma questi, i consiglieri comunali devono stà ai nostri ordini... faccio come... [ride, *ndr*] ma perché io devo stà agli ordini tuoi... te pago... ma vaffanculo».[74]
 Il dialogo continua in modo molto significativo. I due parlano della conversazione avuta con il collaboratore di un politico che faceva pressioni perché venissero acquistati per lui due appartamenti.

---

[72]  liberoquotidiano.it, 6 giugno 2014.
[73]  lettera43.it, 6 giugno 2014.
[74]  ilfattoquotidiano.it, 4 giugno 2015.

– I consiglieri comunali devono stare ai nostri ordini.

– Ma perché dovrei stare agli ordini tuoi? Te pago! Dice, e se non rispetti gli accordi? Non rispetti gli accordi? Ma tu lo sai chi sono io? Ti ricordi da dove vengo? [...] Io gli accordi li rispetto ma dovresti rispettarli pure tu.

– Noi gli accordi li rispettiamo anticipati. Non so quanti sono quelli che li rispettano in anticipo. Abbiamo una grandissima credibilità.

– Ma se non rispetti gli accordi, se non rispetti gli accordi, tu lo sai chi sono io? Te ricordi da dove vengo? Il rispetto. Io sono sincero... io rispetto gli accordi, ma non dovessi rispettarli tu. Rispettiamo anticipati noi gli accordi eh?... Non so quanti sono quelli che rispettano anticipati gli accordi... li rispettiamo tutti anticipati.

– C'avemo una grandissima credibilità.

– Gli ho detto «fateme fà un campo nomadi, no?! Te ne compro tre di case, no una!».[75]

Parlando con il sindaco di una grande città un imprenditore può apostrofarlo affermando: «Guarda [NOME], fai 'sto cazzo di proroga sò sei mesi, te fai l'elezione in santa pace».

Il tono non cambia quando l'imprenditore si rivolge direttamente ai funzionari pubblici. Dalla prima sentenza, che ha condannato imputati nel processo Mafia Capitale, emergono modalità di linguaggio che denotano la sottomissione di alcuni funzionari pubblici.

Così, all'affermazione del funzionario che diceva di non potere procedere alla gara per mancanza di copertura finanziaria, l'imprenditore sbotta: «Dammela almeno per dicembre, poi vedemo anno per anno che cazzo dobbiamo fà però».

E ancora dopo: «Ma inventate 'na cosa però, tre milioni li

---

[75] liberoquotidiano.it, 4 giugno 2015.

devi mette sui campi nomadi, cazzarola, ma sì, santa pupa, no dai... Ti chiudi tutto il debito dei campi nomadi, se no quando cazzo lo chiudi quel debito sennò te».

Parlando della medesima vicenda con il sindaco, attraverso un sms, afferma perentoriamente: «Mi dicono che la giunta nel maxiemendamento abbia previsto quindici milioni per i nomadi. Vedi tu, è urgente intervenire».[76]

### «Dentro la borsa c'era tutto, nomi cognomi... Sono finito.» La corruzione ha la sua burocrazia e i suoi tariffari

Un aspetto curioso è che corruzione e malaffare si nutrono di burocrazia ma non riescono a sfuggire alle ferree e secolari tradizioni burocratiche.

L'antica tendenza italica alla burocratizzazione di qualsiasi attività umana e forse anche le difficoltà di gestire affari dalle dimensioni ormai gigantesche introducono modalità d'ufficio nella gestione del malaffare.

«Io ho scritto tutto» afferma uno dei soggetti coinvolti nell'inchiesta Expo rassicurando un presunto complice sulla precisione delle operazioni e, a riprova di ciò, aggiunge nomi e cifre che gli inquirenti riferiscono a tangenti incassate e ad attività da compiere in cambio.[77]

Un altro, arrestato nella medesima inchiesta, afferma durante l'interrogatorio: «I biglietti che ho cercato di nascondere erano quelli su cui ho annotato la contabilità delle tangenti».[78]

---

[76]  Gaetano Savatteri, Francesco Grignetti (a cura di), *op. cit.*, Lirio Abate, Marco Lillo, *op. cit.*

[77]  ilgazzettino.it, 17 maggio 2014.

[78]  ilfattoquotidiano.it, 12 maggio 2014.

Questi biglietti erano solo una piccola parte della documentazione che conservava a casa e che, scoperta durante un interrogatorio, è stata definita da parte degli inquirenti una vera e propria «contabilità delle mazzette» in cui sarebbero stati trascritti in modo preciso e ordinato numeri, date, nomi con le iniziali puntate e percentuali: lo 0,3 o lo 0,5 per cento.[79]

La tendenza a burocratizzare gli affari illeciti non riguarda solo le grandi inchieste: in un caso di presunte tangenti che ha coinvolto un gruppo di vigili urbani accusati di pretendere il pagamento di somme di denaro per piccoli e grandi lavori edili svolti nel territorio di loro competenza, la contabilità illecita sarebbe stata tenuta da un funzionario tecnico che la trascriveva in un'agenda indicando scrupolosamente le tangenti già pagate e quelle ancora da riscuotere.

Non mancano le modalità tipiche di un'attività commerciale: era stato previsto, secondo l'accusa, anche un sistema di pagamento a rate che veniva rigorosamente registrato volta per volta.[80]

In un'altra inchiesta la procura nota come il libro delle tangenti sia molto diverso dai «libri mastro» del pizzo a cui la criminalità ci aveva abituato, «quasi una lista della spesa con nomi e cifre. Un libro mastro che quindi non fa riferimento al pizzo ma alle tangenti pagate per l'esecuzione di determinati lavori».[81]

«Un misto tra un vero e proprio "libro mastro" e una lista della spesa. Un libro mastro con quanto pagato dall'imprenditore, con nomi, date e cifre.» «Un libro mastro che era una

---

[79] ilfattoquotidiano.it, 16 maggio 2014.
[80] roma.repubblica.it, 16 ottobre 2009.
[81] grandangoloagrigento.it, 29 ottobre 2015.

vera e propria contabilità commerciale, molto dettagliata con stringhe, sommatorie, riporti, cifre.»[82]

Della gravità del materiale raccolto si rende conto l'interessato che parlando con una sua amica afferma in stretto dialetto siciliano: «Chi ci cuntu? Consumato sugnu. [Cosa gli dirò? Sono rovinato, *ndr*]. Dentro la borsa c'era tutto... nomi... cognomi. Sono finito». «Ma ci sono i nomi di tutti?» domanda l'amica. La risposta dà il senso della perfetta formalità della trascrizione: «È scritto bello chiaro... [e indica i nomi trascritti, *ndr*]».[83]

In un'altra inchiesta che ha interessato due magistrati, rei secondo la procura di «pilotare i ricorsi, influenzare i giudici dei collegi, sostituirsi letteralmente nella redazione delle sentenze, a fronte della corresponsione di dazioni illecite da ripartire con i complici» vennero rinvenuti una contabilità «nera» delle mazzette e le buste ordinate per «soggetto erogatore» e con annotato il nome dei presunti corruttori.[84]

A testimonianza del fatto che la realtà supera spesso anche la fantasia cinematografica, è stato individuato perfino un «tariffario» che era «ripartito per i vari gradi di giudizio».[85]

I libri mastri delle tangenti mutuano le migliori regole della ragioneria.

Così mentre un funzionario, a causa dell'alto numero di persone cui aveva richiesto presunti illeciti esborsi di denaro, era stato costretto a tenere un meticoloso elenco di tutti coloro che dovevano dare qualcosa,[86] la contabilità parallela di un altro imprenditore indagato per corruzione

---

[82]  agrigentonotizie.it, 29 ottobre 2015.

[83]  «Giornale di Sicilia», 30 ottobre 2015.

[84]  laprovinciapavese.gelocal.it, 31 gennaio 2016.

[85]  milano.corriere.it, 28 gennaio 2016.

[86]  freebacoli.net, 30 maggio 2011.

era costituita da un faldone con pagine scritte ordinatamente a mano in cui erano presenti due colonne che – nel migliore stile della partita doppia ragionieristica – recavano le voci «dare» e «avere» con tutta una serie di cifre.[87]

Su carta erano anche le annotazioni della presunta contabilità illecita del sistema Expo. E non su carta comune ma su carta commestibile, come quella a base di zucchero normalmente utilizzata in pasticceria per le decorazioni ma ormai realizzata, pure a costi elevati, in formato A4.[88]

«Scrivi su carta che si possa mangiare»[89] raccomanda un imprenditore coinvolto in un'inchiesta rivolgendosi a un suo impiegato, e poi: «Se arriva la finanza mangiali».[90]

Una soluzione senza dubbio efficace per eliminare ogni prova.

Inoltre, l'articolato sistema con cui sarebbe stata gestita la contabilità viene descritto agli inquirenti dagli stessi protagonisti della vicenda. In particolare è stato raccontato che, per definire la contabilità, erano soliti utilizzare tre colori: il bianco, il nero e il bianco-nero. Con il bianco si indicavano tutte le fatturazioni regolari e le somme registrate. Il nero invece contrassegnava tutta la parte della contabilità non registrata. Il bianco-nero, infine, era riferito al denaro proveniente in parte da fatture gonfiate e da fondi neri ma che veniva registrato.[91]

Sulle fatture false, quindi, le aziende pagavano un surplus di tasse ma questo non impensierisce troppo le imprese coinvolte: «Mettiamola così, maresciallo – dichiara uno degli

[87] roma.repubblica.it, 21 novembre 2012.
[88] arezzoweb.it, 6 giugno 2014.
[89] opzionezero.org, 28 luglio 2013.
[90] blitzquotidiano.it, 6 giugno 2014.
[91] repubblica.it, 9 giugno 2014.

indagati durante l'interrogatorio – il nero ha un suo costo, ecco».[92]

La sensazione di impunità, di normalità del malaffare e di burocratizzazione del fenomeno corruttivo si sintetizza infine in una sola parola, quella scritta da un imprenditore sulla matrice di un assegno alla voce causale: «tangente».[93]

Gli stessi indagati sembrano rendersi conto dell'anomalia di una contabilità dell'illecito, così un imprenditore scherzando con la sua segretaria cui, nella ricostruzione dell'accusa, ha delegato il compito di tenere un registro dei pagamenti per tangenti con su annotati i nomi dei percettori con le iniziali puntate, seguiti dalle cifre, afferma, indicando il registro della contabilità illecita, il «libro nero» appunto: «Mamma mia...». E lei: «Hai visto che è nero... guaaa». Lui sta al gioco: «Quando è così, mi inquieta un po'».[94]

E metodicamente vengono preparate le buste.

Un imprenditore intercettato spiega alla segretaria come preparare le diverse buste da utilizzare per consegnare il denaro delle tangenti, facendo attenzione a non determinare scambi di persone dovuti al fatto che i percettori avevano il nome che iniziava con la stessa lettera dell'alfabeto:

– Fai una busta per [B****] e ci metti B., poi una per [M******], e ci scrivi Car.
– M. non lo posso scrive perché c'ho M. de Marco [C*******].
– Vabbè scrivi C. e gli fai trovare venti.[95]

[92] blitzquotidiano.it, 9 giugno 2014.
[93] espresso.repubblica.it, 17 gennaio 2013.
[94] ilmessaggero.it, 4 dicembre 2014.
[95] «la Repubblica», 13 dicembre 2014.

# Il gergo del malaffare

*«La mucca deve mangiare per essere munta.» Il linguaggio in codice del malaffare. La metafora del cibo*

Prosciutto, mozzarelle, fettuccine, salmone, polpette, cilie-gie, biscotti e caffè, sono solo alcuni dei fantasiosi nomi utilizzati nelle conversazioni tra corrotti e corruttori per definire in modo elegante o ingenuamente criptico quella che un tempo era chiamata «mazzetta».

Nel goffo tentativo di proteggere le proprie conversazioni si scatena la creatività dei corrotti per creare un linguaggio in codice che possa essere capito solo da pochi e dunque finalizzato a confondere chi sta ascoltando.

Ad esempio, dalle conversazioni intercettate in un'in-chiesta di corruzione su appalti Asl che ha coinvolto alcuni comuni del casertano, i corrotti venivano avvisati con la frase: «La gallina ha fatto l'uovo».[1]

E, in effetti, racconta uno degli indagati che «tutti i cesti venivano riempiti con uova o gallinelle di cioccolata nelle quali venivano inserite somme di denaro».

Il denaro delle tangenti – secondo l'accusa – veniva nascosto all'interno delle uova di Pasqua o in confezioni

---

[1] ricerca.repubblica.it, 6 ottobre 2015.

regalo e in questo modo consegnati a coloro che dovevano riscuoterli.

In un altro caso viene chiesto di «portare un gelato» o «un caffè» o «una trave da cinquanta»[2] e in un altro il pagamento della tangente diventava, secondo l'inchiesta, «aprire il ristorante», «pagare i coperti», «pagare un altro pranzo» e «lasciare la mancia».[3]

Anche «le caramelle» di cui parlavano le persone coinvolte in un presunto giro di corruzione in un'altra inchiesta sono una metafora, e così, con un sms, uno dei soggetti indagati, spronando gli altri, affermava: «Preparatevi al meglio mi raccomando... e ricordate di far parte sempre del gruppo caramelle». «... curate ogni minimo dettaglio e lingua chiusa tra i denti» chiosava l'interlocutore.[4]

Leggendo le intercettazioni si può notare che, quasi in una rappresentazione vivente del detto «È un magna magna», tra i nomi e le frasi scelte per parlare di mazzette vi sia molto spesso una predilezione per i termini riconducibili al cibo e all'atto del mangiare.

La metafora del cibo e della «tavola» è spesso ricorrente, come emerge dall'intercettazione del dialogo tra un giudice accusato di corruzione e un suo presunto complice: «I miei amici mangiano anche loro alla tavola... Sono il leader, spalle larghe e palle sotto, devono fare come dico io».[5]

Qualche volta l'idea del banchetto assume toni macabri: «Ha vinto... tirasse fuori i soldi... non siamo ragazzini nessuno: queste cose uno ce magna»; «L'ospedale effettua la media

---

[2]  brindisireport.it, 9 novembre 2015.
[3]  ricerca.repubblica.it, 15 settembre 2011.
[4]  lavocedimanduria.it, 14 gennaio 2015.
[5]  roma.corriere.it, 22 marzo 2015.

di cinquecento decessi all'anno... a tremila euro la media a funerale... è un milione e mezzo di euro l'anno»; «E noi vogliamo mangiare anche un bel piatto de fettuccine... poi c'è il salmone e altre cosette... me raccomanno... che questo io entro a lavorà con loro faccio la becchina, glie faccio».[6]

In questo caso la tavola su cui mangiare, secondo l'accusa, era il giro di affari legato all'aggiudicazione degli appalti delle camere mortuarie da cui gli interlocutori si auguravano di ricavare guadagni più sostanziosi, indicati nel linguaggio in codice come «piatti di fettuccine» e «salmone».

L'essenza della corruzione viene descritta in una metafora, ancora una volta legata al cibo, in un dialogo che è stato per mesi al centro della cronaca giudiziaria, in cui i funzionari della pubblica amministrazione vengono paragonati a una mucca da foraggiare per poi essere munta a dovere.

– Aò, ma scusa, la sai la metafora? La mucca deve mangiare.
– Aò, ma questa metafora io gliela dico sempre al mio amico, mi dice: «Non mi rompere il cazzo perché se questa è la metafora lui ha già fatto, per cui non mi rompere».
– Aò, però diglielo: «Guarda che ha detto [...] che qui la mucca l'amo munta tanto».
– Allora, ieri me c'ha mannato affanculo per avè detto 'sta cosa, tu non hai capito, me c'ha mannato affanculo, dice: «Non ti può rispondere così l'amico Salvatore perché noi già fatto».[7]

La metafora «la mucca che se non mangia non può essere munta» spiega così il meccanismo di funzionamento della corruzione.[8]

---

[6]  huffingtonpost.it, 30 luglio 2015.
[7]  rainews.it, 4 giugno 2015.
[8]  rainews.it, 4 giugno 2015.

*«Il nostro Frecciarossa è pronto a ripartire.» Non solo cibo.*
*Il gergo della corruzione è molto ricco e colorito*

La cronaca testimonia che la fantasia dei corrotti va ben
oltre le analogie con il cibo.

A questo proposito è interessante un'inchiesta su presunte
partite di calcio truccate in cui secondo gli investigatori i
soggetti interessati si accordavano utilizzando un linguaggio
cifrato.

Nel linguaggio in codice un presidente di una squadra di
calcio veniva indicato come «magistrato», le partite comprate
«udienza» o «causa», il prezzo della corruzione era «la tariffa»
o «la parcella dell'avvocato».

Inoltre per indicare i giocatori da corrompere si andava
sui riferimenti ferroviari. I giocatori diventavano il treno
da prendere, mentre i numeri di maglia corrispondevano
all'orario o al binario: «Partono stanotte alle 3.23 o alle
4.23». Il risultato di queste conversazioni è apparentemente
un discorso logico ma che nasconde in realtà un significato
diverso da quello riferito.[9]

In un'altra conversazione le tangenti diventano «biglietti
della partita» o «biglietti dello spettacolo» o addirittura, nella
ricostruzione della pubblica accusa, «medicinali antinfiam-
matori»: «Senta, poi volevo dire invece... che è passata mia
cugina... ieri appunto... che gli avevo detto che lei non trovava
quell'antinfiammatorio... ma me ne ha portato sempre...
quindi lei ci fa due o tre giorni con quell'antinfiammatorio...
non di più... mò che faccio? Me lo tengo io e poi... oppure
preferisce che glielo porto? Glielo porta a Rita... Che dice
lei? Oppure lo tengo io st'antinfiammatorio?».[10]

9    corrieredellosport.it, 23 giugno 2015.
10   iltempo.it, 10 marzo 2016.

La conversazione, assumendo toni involontariamente comici, prosegue con la madre, nella cui abitazione gli investigatori ritengono venisse occultato il denaro delle mazzette.

In particolare l'indagata chiede alla madre: «Vieni perché devo scappare. Ero venuta un attimo che il dottore mi aveva dato il Lorazepam, e te l'avevo portato». E la mamma – che secondo gli inquirenti non aveva capito il riferimento fatto dalla figlia al denaro da nascondere – le risponde: «Ma allora sei matta, sei?».[11]

Tra gli altri nomi attribuiti alle mazzette troviamo anche ciliegie che possono essere definitive o «smozzicate» a seconda che – stando agli inquirenti – il corruttore abbia saldato o meno il debito contratto: «Però gliel'ho detto... non puoi venire qui con 'ste ciliegie smozzicate che fai solo confusione, vieni con una ciliegia definitiva». Altre volte diventano libri o topolini: «E... e... te li tengo io i libri di lettura... tanto sò topolini cose...».[12] In un'altra inchiesta sono invece documenti: «Li hai fatti, li hai preparati?»; «Prendere questa documentazione»; «Io stasera ho metà... dei documenti».[13]

Significativi sono, poi, anche i titoli affibbiati o attribuitisi da coloro che hanno un ruolo di primo piano nel gestire la corruzione. La capacità che qualcuno ha, in virtù della propria posizione, di ottenere favori da «amici» di un certo prestigio si trasforma in una sorta di delirio di onnipotenza, tanto che qualcuno arriva a dire di sé: «Io sono Dio onnipotente».[14]

---

[11] iltempo.it, 28 ottobre 2015; ricerca.repubblica.it, 23 ottobre 2015.
[12] espresso.repubblica.it, 22 ottobre 2015; ilmessaggero.it, 23 ottobre 2015.
[13] lastampa.it, 23 ottobre 2015.
[14] palermo.repubblica.it, 27 ottobre 2015.

Non minore è la modestia in un altro caso: «È il re di Roma che viene qua, io vado... entro dalla porta principale».[15]

Anche in questo si può riscontrare l'ampia fantasia nella scelta dei termini: «capo supremo», «re», «monarca», «imperatore», «doge»,[16] «il gatto e la volpe», e c'è perfino chi arriva a definire il corrotto «santo»[17] date le capacità dimostrate nel compiere miracoli, dietro compenso naturalmente.

E il malaffare va davvero come un treno. Quando un imprenditore riesce a ricomporre un dissidio tra i partecipanti a un sodalizio che gli inquirenti ritengono criminale esplode la gioia: «Il nostro Frecciarossa è pronto a ripartire!».[18]

[15] ilfattoquotidiano.it, 4 novembre 2015.
[16] dagospia.com, 5 giugno 2014.
[17] livesicilia.it, 25 luglio 2014.
[18] iltirreno.gelocal.it, 16 giugno 2012.

# Corruzione e sport

*«Senti, un bell'uno a zero?» Così la malavita trucca
le partite di calcio*

«E ho capito... infatti... i giocatori non ti fanno vincere il campionato»[1] afferma un imprenditore ritenuto dalla magistratura un boss della malavita dedito, tra l'altro, ad alterare i risultati delle competizioni sportive per assicurarsi laute vincite al calcioscommesse. Sembra avere ragione, perché la cronaca ci consegna con frequenza storie di partite truccate in cui i risultati vengono decisi a tavolino in modo da poter lucrare il più possibile sul mercato delle scommesse.

«Senti, un bell'uno a zero?», «No meglio due» si dicono i protagonisti di un incontro di serie A puntualmente conclusosi con il risultato di 2-0.[2]

Il metodo è semplice. Lo racconta un calciatore in un'intervista televisiva:

Ho truccato una dozzina di partite dove ero io in campo, poi ho cercato di combinarne altre dove non giocavo. Ed era più facile corrompere gli italiani che gli stranieri.

---

[1]   corriere.it, 20 maggio 2015.
[2]   lasicilia.it, 26 giugno 2015.

Dare un numero esatto dei calciatori che ho contattato per le combine è complicato perché c'è ancora un processo, ma più o meno sono riuscito a contattarne una sessantina. Su questi sessanta solo due hanno detto no, un italiano e uno straniero. Il primo contatto con il clan è stato come un corteggiamento, siamo andati a cena quattro, cinque volte, ci hanno fatto capire fondamentalmente quello che dovevamo fare.

Loro scommettevano su piattaforme particolari, asiatiche, così da evitare il tracciamento e dove non veniva identificato il flusso anomalo di soldi, anche perché loro scommettevano solamente live, durante la partita.

La prima volta ci hanno dato centomila euro da spartire. La prima partita combinata la proposi a un buon numero di giocatori, sei o sette.

Il clan era molto organizzato, ogni venti, trenta giorni mi cambiavano la sim del telefono che usavamo solamente per dirci «Ci sono», poi principalmente ci sentivamo su Skype. È durata fino alla prima ondata di arresti.[3]

Il calciatore spiega anche in che modo si realizza sul campo il piano criminale: «La struttura portante di una squadra è fondamentale, ovviamente se si ha il portiere si parte avvantaggiati, poi se hai l'attaccante e un difensore è molto più facile».

Racconta di un caso concreto in cui era stato necessario un impegno straordinario per raggiungere l'esatto risultato sperato:

Fu la madre di tutte le partite anche perché scoprii appena prima di iniziare che non ero l'unico a sapere della combine. Durante il giro di ricognizione del campo [NOME] mi chiese se

---

3   gazzetta.it, 10 ottobre 2015.

era tutto okay e quel «tutto okay», lo capii subito, era riferito al fatto che si trattava della combine, anche perché quella partita era molto chiacchierata anche prima che si giocasse.

In quell'occasione inizialmente dovevamo perdere con due goal di scarto e successivamente perdere con un over, quindi 3-0, 3-1 e via dicendo.

Il problema di quella partita era che loro, anche essendo più forti, non riuscivano a segnare.

Per fortuna un mio compagno, non coinvolto nella combine, con un intervento grossolano procurò un rigore, ma eravamo a più della mezz'ora e dovevamo subire un altro goal.

Il fatto particolare è stato che io riferii di [NOME] al mio portiere, anche lui coinvolto, che mi disse di far tirare a [NOME] il rigore centrale.

E io durante il riscaldamento dissi a [NOME] di tirarlo centrale nel caso avessero avuto un rigore a favore.

Il problema era che dovevamo subire un altro goal.

Ero terrorizzato che pareggiassimo, a tal punto che ho dovuto creare questo scontro di gioco che portò al rigore.

Se non fosse stata una partita combinata, non avrei mai fatto un intervento del genere.

Poi protestai con l'arbitro perché non potevi far capire ai compagni, all'allenatore che tu l'avessi fatto apposta.

Era normale che si recitasse una parte.

Quando poi si raggiunse il risultato, non contenti, subimmo anche il terzo goal, sempre con un errore mio che rivisto adesso è anche abbastanza imbarazzante.[4]

E l'interrogatorio reso al giudice da parte di un altro calciatore offre altri particolari sulla genesi e sulle modalità di realizzazione dell'accordo corruttivo:

---

[4] *Ibid.*

Mi riferiva di aver conosciuto alcune persone che disponevano di un sacco di soldi. Che tali persone facevano capo a un soggetto indonesiano il quale, tramite un macedone, sarebbe stato disponibile a consegnarmi la somma di duecentomila euro affinché perdessi la partita di Coppa Italia [...].

Per fare ciò avrei dovuto corrompere a mia volta il portiere e almeno due difensori centrali in maniera che si realizzasse il risultato di over, di fatto l'unico risultato che avrebbe interessato la sua organizzazione... Mi disse che mi avrebbe consegnato il denaro a casa... Insisteva affinché gli fornissi il numero di telefono del mio capitano. Gli dissi che non ero interessato e che il capitano e la società erano serie e mai avrebbero accettato tale offerta palesemente illecita.

Lui mi disse che voleva parlare con il direttore sportivo e che verso la fine del campionato, qualora fossero serviti tre punti alla mia squadra per salvarsi, lui e la sua organizzazione avrebbero comprato l'altra squadra garantendoci la vittoria.[5]

Altre volte si ricorre a sistemi più sofisticati come rileva un'indagine partita da uno strano malore occorso a gran parte dei calciatori di una squadra, risultati tutti «avvelenati» da un farmaco: il Lormetazepam, normalmente utilizzato – scrive il giudice per le indagini preliminari – «per gli stati d'ansia e dei disturbi del sonno, i cui effetti sarebbero sostanzialmente compatibili con quelli avvertiti dai giocatori e dal collaboratore della squadra».[6]

Secondo l'accusa a versare il farmaco nell'acqua bevuta dai compagni di squadra sarebbe stato il portiere che, in effetti, intercettato in un dialogo con un amico, pronuncia frasi

5    sporterni.it, 20 dicembre 2011.
6    corrieredellosport.it, 1° giugno 2011.

ritenute eloquenti dagli investigatori anche per l'esplicito riferimento a un «avvelenamento»:

— Pronti!
— Oh.
— Ah, oh.
— Che stai a fà?
— Ehhh!
— Stai dormendo, stai a dormì?
— Stai a dormì sto a scervellarmi Massi... che a dormì...
— Che cazzo è successo?
— No eeeh... Per la storia de... dell'avvelenamento.
— Eh...
— De quella roba lì...
— E be'?
— No... no stanno a chiamare tutti quanti... mi hanno detto... che ci abbiamo tutti i telefoni sotto controllo...
— Ahh...
— E hanno fatto 'sta... un'indagine su tutto quanto.
— Eh...
— Capito? Eeeh... infatti pure per quello... e io ho detto... mò... glielo dico a [NOME] che meno se sentimo e meglio è!!!
— È ovvio!! Ma questo a chi sta intestato... questo che c'hai a parlare mò.
— Questo qui sta intestato... non lo so me l'ha dato un amico mio... boh... a me no però...
— Okay![7]

Il malaffare non riguarda soltanto la categoria dei professionisti. La cronaca ci consegna numerosi casi di scandali che hanno a oggetto persino i campionati giovanili. In

---

[7]  tuttosport.com, 1° giugno 2011.

un caso un giovane calciatore, per poter dimostrare la sua estraneità alle scommesse illecite, ha filmato una richiesta che gli sarebbe stata avanzata da un dirigente: «Sabato ti do un acconto di cinquecento euro e poi, se tu fai in un certo modo, lunedì ti do mille euro». «Poco – risponde il giocatore – per quella cifra io non lo faccio. Io, per perdere la partita, cinquemila.» «Chiudiamo a tremila euro e non rompere i coglioni.»[8]

*«Se ha fatto una cosa del genere, deve morire.» Come fanno gli scommettitori a essere certi che gli atleti corrotti rispettino i patti*

Un carattere costante che è possibile individuare è quello del clima di violenza e di intimidazione che accompagna lo scambio corruttivo, con particolare riguardo agli sportivi che violano l'accordo illecito o comunque non riescono a ottenere il risultato promesso.

Ecco il dialogo tra un calciatore e uno scommettitore deluso dal risultato di una partita da imputare, nell'ipotesi accusatoria, allo scarso impegno profuso dal portiere che avrebbe dovuto farsi segnare diversi goal fino a raggiungere il punteggio pattuito e su cui si erano concentrate le scommesse.

– Sì...
– Sì questo non è da... da spargli, proprio d'ammazzarlo di botte.
– Eh... ammazzarlo sì... ammazzatelo, voi portatecelo qui che l'ammazziamo... perché tanto se l'è gio... io non ho giocato perché non avevo più soldi...

8    bari.repubblica.it, 10 febbraio 2011.

– Sì ma ho capito ma che discorsi sono uno...
– Ammazzatelo voi...
– Ammazzatelo voi... ma te... innanzitutto mò domani ha detto già non fa allenamento... ah... cioè... [NOME]... no allenamento, non allenamento, lui domani sera anche sul tardi deve essere a Bologna forse non è chiaro...[9]

Appena la voce si sparge, le minacce diventano diffuse e insistenti. Un altro scommettitore, poi arrestato, così dice parlando con un sodale:

Se ha fatto una cosa del genere deve morire, se ha fatto una cosa del genere mette a repentaglio tutti, ce li deve ridare tutti i soldi non me ne frega un cazzo, pignorerà pure l'anima santa.[10]

E ancora:

Qua veramente la gente ti viene a sparare... ti faccio vedere io che fine fai... vengo io a casa tua... i soldi a me... velocemente, i tredicimila euro! Veloce! Se no stasera sono a casa tua... vai dove cazzo devi andare... dagli usurai, vatti ad ammazzare, ma tu mi devi portare tredicimila euro! Se no io stasera sono da te... io stasera vengo a casa tua.[11]

In un'altra inchiesta, uno scommettitore, appartenente secondo la ricostruzione dell'accusa a un'organizzazione criminale, racconta del sequestro di un calciatore colpevole di non aver ottenuto il risultato già precedentemente concordato.

---

[9]  gazzetta.it, 2 giugno 2011.
[10]  ilgiornale.it, 2 giugno 2011.
[11]  datasport.it, 2 giugno 2011.

Ne ha prese, ma tante ne ha prese da [NOME], adesso lo stiamo portando in campagna... non ha un euro, ha detto che ieri ha perso di nuovo... che ha bisogno di altro tempo... poi gli ho fatto segno e l'ha sfiancato proprio... proprio male male si è fatto... adesso vediamo... una strizzatina la dobbiamo dare, altrimenti questo la porta sempre alla lunga.[12]

Minacce di morte, ritenute credibili dagli inquirenti, vengono rivolte a un allenatore in un dialogo tra uno scommettitore straniero e un dirigente di una squadra implicati in un giro di scommesse clandestine: «Se non lo paghiamo domani, io vengo lì per quell'allenatore».[13]

Attraverso questa frase, scrive la procura, «con tono decisamente agguerrito minacciava di recarsi in Italia con l'intento di uccidere coloro i quali avessero messo in pericolo, con il loro comportamento, la vita di un suo fratello [che si era impegnato a ottenere un certo risultato contando sulla complicità di un calciatore che poi non aveva ottenuto il risultato sperato, *nda*]. Le sue minacce in realtà – continua la procura – erano indirizzate all'allenatore [NOME] dal quale il maltese pretendeva, senza mezzi termini, la restituzione dei soldi».

E per rendere ancora più credibile l'avvertimento, qualche giorno prima della successiva partita gli scommettitori stranieri spedirono al dirigente una busta contenente una fotografia dell'allenatore in questione «sicuramente a scopo intimidatorio», accompagnandola con un sms dal tono assolutamente chiaro: «Non gli conviene più scherzare, qua stiamo tutti incazzati».[14]

---

[12] corriere.it, 20 maggio 2015.
[13] affaritaliani.it, 20 maggio 2015.
[14] sport.tiscali.it, 19 maggio 2015.

D'altra parte le stesse minacce vengono rivolte a uno scommettitore straniero che si era impegnato per il raggiungimento di un risultato con un socio che adesso pretende la restituzione del denaro. Preoccupato chiama il dirigente della squadra italiana che non aveva rispettato la combine e afferma: «Se non lo paghi, lui sta per uccidere mio fratello... domani».[15]

Anche un calciatore teme per la vita di un collega che avrebbe venduto una partita accettando denaro da un'organizzazione criminale straniera: «Se non passa la partita che gli ha detto, lo ammazzano».[16] E forse hanno ragione a temere. Il racconto al telefono del pestaggio di due uomini che non avevano rispettato i patti è ripugnante: «Devi vedere come piangeva, devi vedere. Sembravano due bambini di dieci anni».[17]

L'unico modo di evitare la reazione violenta degli scommettitori è far recuperare loro il denaro perduto nella scommessa non andata a buon fine. E uno dei sistemi è non pretendere denaro per la successiva combine, come testimonia questo scambio relativo a partite di serie A: «In primis fare recuperare i soldi a te... a [NOME A] e a [NOME B] la prossima partita ve la diamo gratis e loro recuperano tutto».[18]

Talvolta la promessa di compensare con la partita successiva non basta e gli scommettitori pretendono degli assegni a garanzia da parte degli sportivi rivelatisi inaffidabili:

– Però comunque la cazzata è stata fatta... ci vuole un assegno che darai tu a garanzia, che ti sarà ridato quando avranno risi-

---

[15] corriere.it, 20 maggio 2015.
[16] iltempo.it, 20 maggio 2015.
[17] affaritaliani.it, 20 maggio 2015.
[18] ilfattoquotidiano.it, 1° giugno 2011.

stemato le cose... ma comunque la cazzata l'hai fatta tu e tu devi risolvere! Non puoi mettere al lastrico venti famiglie, per un tuo gioco... un tuo divertimento... una tua malattia mentale... perché qua veramente... cioè qua veramente la gente ti viene a sparare! Cioè, hai capito? Questo io te lo sto dicendo da amico.
– Ho capito, spararmi... digli di venire a spararmi...[19]

Quando invece questo accordo riparatore non riesce o non è gradito alla malavita l'unico sistema di ricomporre il conflitto è pagare.

– Dimmi.
– Ma cosa han combinato?
– Ma che ti dico... guarda eeh hanno dato un assegno di centodieci... domani devono portare un assegno di centonovantamila di assegni perché si devono far recuperare... che devo dì... non lo so perché... boh... lui... il centravanti... quello che era in campo, capito chi?
– Sì sì.
– Che ti devo dì... pensa hai visto che anche l'amico tuo è stato incu... cioè no che è stato inculato da quelli di [NOME SQUADRA] da... da quella... dall'organizzazione hai capito... ma l'organizzazione è stata inculata dai giocatori... capito... l'hanno fatta direttamente... eh...
– Ma infatti proprio non non... mollavano niente proprio.
– Per noi per dirti... per noi capito... per noi che abbiam puntato tutto torna... perché questo di [NOME SQUADRA]... come l'altra volta che è stato chiamato cioè hai capito? Qual è il problema boh... chissà che è successo? Poi non mollavano un ca... a parte che la [NOME SQUADRA] oggi era veramente... faceva solo possesso palla.

---

[19] goal.com, 2 giugno 2011.

– Noo, eh ho capito però questi dicevano cinque... quali cinque? Non mollava niente nessuno?
– Noo no no ma... ma anche il portiere aveva fatto la sceneggiata... il portiere è stato serio... la prima punizione di [NOME] hai visto che lui...
– Esatto.[20]


*«Dovete fare pareggio perché altrimenti...» Quando ci si mettono anche i tifosi*

A questo clima di violenza e di intimidazione non sono estranei alcuni gruppi di tifosi. La cronaca ci ha consegnato racconti di supporter che minacciano i giocatori delle serie maggiori per indurli a perdere le partite su cui hanno scommesso.

È questo, ad esempio, il dialogo registrato tra due calciatori intimoriti dalle richieste degli ultras:

– Cioè, da quello che mi avevano raccontato a me, mi avevano detto che erano stati i tifosi stessi ad andare dai giocatori a dire: «Adesso che avete rotto i coglioni, che siete retrocessi, adesso perdete le prossime due partite».
– E tu ti ritrovi lì in mezzo, cosa fai? Ti prendi gli schiaffi perché se tu dici ai tifosi: «Adesso vi denuncio alla procura federale», li denunci e dopo ti vengono a prendere a casa...

Dal racconto dello stesso calciatore emerge pure che il dirigente della squadra aveva tenuto un discorso per ammonire i giocatori sui rischi connessi al mondo delle calcioscommesse:

---

[20] gazzetta.it, 1° giugno 2011.

Il dirigente diceva: guardate che nei paesi dell'Est scommettono seicento milioni di euro tutti i weekend sui campionati
europei; state attenti, non scommettete perché abbiamo delle
relazioni che dicono che molti giocatori scommettono. State
attenti, ditelo ai vostri compagni...

Ma la paura dei tifosi prevale:

Tu che cosa fai per tutelare questo tipo di situazioni? Tu vieni
qua e dici non scommettete. I giocatori non è che vanno a
scommettere, però vivono pressioni di gente che dice dovete
fare pareggio perché altrimenti vi ammazziamo di botte. [...]
L'anno prima, tu non c'eri a Bari. Arriva uno e mi dice: «In
tutta Italia mi dicono che voi fate così». Io gli dico: «Guarda
che non è vero niente, io non so niente, e quindi...». «Però
sai, visto che ormai la voce si è sparsa in giro, tutta Bari ha
deciso di scommettere»... Che cazzo me ne frega. E lui mi
disse: «Dovete fare un favore, qua c'è gente che ha messo tanti
soldi, facci la cortesia». Io gli dissi: «Guarda, l'unica cortesia
che posso fare è che se puoi togliere i soldi che hai messo
toglili, perché noi giocheremo una partita per vincere». La
partita finì 3-0. [...]
Noi giustamente abbiamo giocato per vincere, però vedi che
qualcuno ci ha provato, e io dico che se oggi ci prova uno,
domani ci prova un altro, metti che trovi il giocatore in difficoltà che ci sta una volta, poi dopo sei nella merda.[21]

Abbiamo fin qui parlato del calcio, ma anche gli altri sport
non sono immuni da corruzione e risultati combinati. Non
ha bisogno di particolari spiegazioni il dialogo in chat su
Skype intercettato tra un tennista e uno scommettitore:

---

[21]  corriere.it, 4 aprile 2012.

– Domani a che ora giochi? Primo incontro? Possiamo parlarne di questa partita.
– Dipende.
– Per non rischiare è indispensabile che tu vinca il primo set e, se possibile, andare un break avanti nel secondo. Facendo tutto live non se ne accorgerebbe nessuno.
– Tira una brutta aria, se lo conoscevo [l'avversario, *ndr*] avrei potuto, ma mi dicono che sia troppo scarso, negato...
– Perché troppo scarso?
– Così mi hanno detto, non lo conosco.
– Parlami di cifre tu se puoi.
– Guarda cinquanta potrei farcela per prova per domani ma è indispensabile vincere il primo se non anche un'altra volta se lo so per tempo possiamo dare di più.
– Lo so che garantisce [NOME]. Di solito ci offrono cinquanta. Poi dipende, ma domani preferisco giocarla, magari per una prossima volta se ne può parlare. Molto importante è quello che ci gioco, lo conosco, così ci parlo prima perché anche dirti che vinco di sicuro il primo... non lo so.
– Lo so ma tu prova a vincerlo se poi lo perdi e perdi in due non se ne fa niente e tutti pari.
– Oggi [NOME] e [NOME] hanno di sicuro fatto così.
– Se lo vinci siamo a posto e cinquanta per te... Cinquanta per un set mi sembra buono.
– A questo giro però gioco normale.

L'interlocutore insiste: «Se ti decidi, mandami sms con scritto "Viva il re"».[22]
I tennisti intercettati non sembrano gli unici interessati alla vicenda come dimostra questo dialogo che, nella ricostruzione dell'accusa, e salvo che non si tratti di millanterie,

[22] corriere.it, 15 ottobre 2014.

testimonierebbe l'ampio coinvolgimento di sportivi di primo piano nel giro delle scommesse e delle partite truccate.

– Abbiamo acquistato [NOME]. Dice che lo vuole fare. Lunedì torniamo apposta per parlare con lui. Devo portargli tre telefoni e tre schede. Anche uno per [NOME].
– Perché non usano Skype?
– Sono spaventati che gli chiedano il pc. E le vecchie chat si possono trovare.

E ancora:

– [NOME] è difficile. [NOME (il coach, *ndr*)] non vuole. Unico problema è che [NOME] è ancora mezza rotta.
– Vabbè con [NOME] e [NOME] è più che sufficiente.
– E [NOME] è a rischio squalifica. Speriamo solo una multa, ma se lo squalificano la squalifica parte da febbraio.
– Alla fine l'unico che si salva sarà [NOME] che è stato il peggiore.
– Comunque ho convinto [NOME] a fare le quali... [le qualificazioni, *ndr*] a Chennai [torneo di tennis indiano, *ndr*], non si sa mai, poi il 10 si opera.
– [NOME] sì per match con [NOME].
– Vabbè ma lì non potranno provare nulla. E per me a [NOME] non fanno niente.[23]

*«Papà, fallo per me.» Anche la famiglia ha un ruolo nell'illecito sportivo*

Abbiamo già parlato del ruolo della famiglia nella trasmissione di controvalori e abbiamo registrato come il nucleo

---

[23] dagospia.com, 15 ottobre 2014.

familiare sia spesso il luogo in cui il progetto corruttivo trova realizzazione.

Un modello, questo, che viene replicato anche nelle competizioni sportive inquinate da illeciti, nel quale i genitori si prestano spesso a coprire, secondo l'accusa, l'accordo corruttivo realizzato dai figli.

È questo il caso di una recente inchiesta in cui, si apprende dall'atto di accusa, «nei giorni della combine, [il padre del giocatore, *ndr*] riusciva a trarre massima soddisfazione impiegando tutta la rete di conoscenza di cui poteva disporre, sfruttando anche le sue amicizie negli uffici della Lega per alleggerire la squalifica che il figlio si era procurato con dolo e per denaro per procurare la sconfitta della sua squadra. Era [il figlio] a sollecitare il padre, il giorno seguente la combine, perché intervenisse su chi doveva per ottenere che la squalifica inflittagli sul campo della [NOME SQUADRA] non fosse superiore a una giornata di campionato».

Infatti, scrive il figlio al padre in un sms: «Fai una chiamata in Lega. E vedi se riesci a farmi dare una giornata».

Tre ore dopo avere ricevuto la richiesta di aiuto del figlio – si apprende dal provvedimento giudiziario – il padre «aveva già smosso le sue amicizie ottenendo quello che voleva e se ne faceva vanto al telefono con [NOME], direttore sportivo».

– Se l'è cavata cazzo [NOME], una giornata gli hanno dato! [...] Ho fatto una telefonata! Oh... siccome ho un amico nella commissione lì, eh...
– Sì? Sì?
– Non lo uso mai! però questa volta...
– Eh vabbè, minchia! No, perché infatti ci sono rimasto! Mi sono detto, una giornata? Figa alla grande [*bestemmia*] oh,

non pensavo... Anche perché, ti ripeto, lui era recidivo perché aveva fatto la stessa cosa così, hai capito?? Però oh... va bene così, dai! Gliel'hai già detto allora?

In un'altra conversazione:

– Ciao? Se l'è cavata cazzo [NOME], una giornata gli hanno dato!
– Chi? [NOME], tuo figlio? Una giornata! Io non ci credevo! [bestemmia] ma che...
– Ho fatto una telefonata! Mi ha mandato un messaggio prima, mi ha detto: «Papà ti posso chiedere una cortesia? Fallo per me!». Ho detto: «Che cosa?». «Fai una telefonata, chiedi se mi danno una sola giornata!»... gli ho chiamato, gli ho detto: «oh... siccome ho un amico nella commissione lì, eh...» Non lo uso mai! Però questa volta...

Continua anche con il figlio al quale comunica il risultato ottenuto via sms: «Fatto... una giornata». E il figlio, grato, risponde: «Sei il numero uno».
Padre e figlio si chiamano poco dopo e anche questo colloquio appare davvero emblematico.

– Ohu hai capito poi, di una giornata ti hanno dato sì?
– Sì, sì... minchia meno male! Grande!
– Non lo uso mai questo qua che sta nell'ufficio... Sai chi, sai chi me l'aveva presentato questo qua? Ti ricordi quell'attaccante di colore che era a [NOME CITTÀ], come si chiama?
– Ah sì, [NOME].
– [NOME], eh! Me l'ha presentato lui! Questo fa parte della commissione della Figc che lavora anche a livello di Champion's League e serie A![24]

---

[24] affaritaliani.it, 20 maggio 2015.

E l'apporto della famiglia non è solo di copertura di accordi già combinati in cui sono coinvolti i figli. Spesso l'impegno dei genitori è addirittura preliminare come dimostrerebbe – afferma l'accusa – il pagamento effettuato da un presidente di una squadra al suo allenatore per fare entrare il figlio in campo in una gara su cui peraltro si sono addensate ombre di illecito sportivo: «Ma perché non lo hai fatto entrare – chiede il direttore sportivo all'allenatore riferendosi al figlio del presidente che aveva lasciato in panchina –, ci è rimasto male il padre».[25]

Qualche volta il meccanismo è più sofisticato, come sembrano dimostrare le conversazioni intercettate nell'ambito di un'inchiesta condotta su alcune squadre giovanili: «Se vuoi che tuo figlio giochi, devi pagare uno sponsor. Ma uno sponsor robusto. Venti, trentamila euro: quanto più puoi offrire, meglio è».

Questo è invece il dialogo tra due genitori:

– Me lo hanno detto chiaro e tondo... Il sistema da seguire è quello. Mi hanno fatto l'esempio di un altro ragazzo, uno dell'89... Il padre ha sganciato cinquantamila euro. E pensa che all'inizio quelli [i dirigenti della società, *ndr*] si erano persino dimenticati di mettere il ragazzo in squadra. Non si ricordavano nemmeno che quello, poveretto, aveva pagato... Poi hanno fatto una riunione apposta: uno, un allenatore delle giovanili, che è un ex giocatore di serie A, ha detto: «Ma che fine hanno fatto i soldi del signor [NOME]? Chi li ha presi?». Chiarito l'inconveniente, tutto è andato a posto. E infatti il ragazzo adesso gioca...
– Ma siamo sicuri che funziona? Se porto uno sponsor di... possono bastare?

---

[25] ilcentro.gelocal.it, 20 maggio 2015.

– Ma certo che bastano! Anzi, aspetta che telefono a quello là...
[il dirigente del club, *ndr*]. Lui è l'unica chiave che conosco...
ma è uno serio, di poche parole, mica un pirla...

Nella telefonata, il primo genitore «presenta» il possibile
nuovo sponsor e, parlando con il suo interlocutore, afferma:
«Okay, allora tutto a posto... Lo mando da te...».

In un'altra conversazione lo stesso genitore parla con un
altro: «Ma sono anch'io nelle tua stessa situazione, non so
come fare giocare mio figlio... lo stesso sistema lo usano
anche al [NOME SQUADRA]. E anche lì conosco uno che può
dare una mano... Bisogna solo pagare. Vuoi che chiamiamo?».

Il genitore chiama un dirigente proponendo l'affare e
questi risponde: «Il [NOME SQUADRA] è fallito oggi. Ma
mandamelo alla [NOME ALTRA SQUADRA], che lo faccio
giocare. Lo sponsor? Può andar bene...».

E, chiuso il telefono, il commento finale nella conversazione tra i due genitori è veramente sconsolante: «In politica,
al confronto, sono dei santi!».[26]

---

[26] repubblica.it, 14 ottobre 2004.

# Corruzione e sanità

*«Dall'ospedale pediatrico potrebbero venir fuori un paio di milioni a testa.» Un fiume di denaro e molti interessi personali*

In sanità girano tanti soldi. I magistrati, in un'ordinanza cautelare, parlano di un «vorticoso giro d'affari in cui la funzione pubblica diventa esclusivo strumento per favorire gli individuali interessi economici».

E, a giudicare dai dialoghi intercettati, hanno ragione. Un fiume di denaro contante affluisce nel settore, esteso al punto che la preoccupazione più grande dei protagonisti delle vicende giudiziarie è che non sanno come smaltirlo:

– Ne stavamo parlando prima con [NOME] del... del ricircolo di... di denaro, queste minchiate, e gli stavo dicendo, minchia ma tu pensi che adesso quando vado in banca a versar lo stipendio mi fanno storie se gli porto i pezzi da duecento euro devo portargli quelli da cento no?... Tu come fai poi con i cinquecento che hai su [...] come fai i pezzettoni da cinquecento che hai su... in mansarda?
– Perché?
– È un casino adesso versarli.
– Perché è un casino versarli?

– E non li prendono in banca, eh!

– I cinquecento?

– Neanche i duecento!

– I duecento!

– Solo i duecento?

– I duecento perché... c'è stato una roba di... di di di di... di falsificazione.

– Vabbè! A me quando salgo in Banca...

– Vabbè, c'ho anche qualche duecento mi sa.

– Uè!!! Un botto ne hai di duecento!

– No! [Incomprensibile, *ndr*] cinquecento e cento [incomprensibile, *ndr*]

– Ah! Te li ho rimessi su, eh i quattrocento [NOME]! Il giorno dopo... te li volevo mettere su già la sera stessa [incomprensibile, *ndr*].

– Terribile!

– No [incomprensibile, *ndr*] li vedi perché sono fuori dalla busta... cioè la busta...

– Quei soldi lì finiscono...

– ... con dentro la busta!

– Quei soldi lì probabilmente finiranno... nell'arredamento.

– Quant'è che c'è su, quindicimila euro?

– [Incomprensibile, *ndr*]

– E che ci fai con quindicimila euro?

– Be'...

[La donna ride, *ndr*]

– Prendi la cucina!

– Diciamo che vanno nell'arredamento.

– Eh!

– Perché su su i lavori... così...

– [Incomprensibile, *ndr*]

– ... c'ho bisogno delle fatture per il mutuo e quindi non [incomprensibile, *ndr*].

Ancora in un altro dialogo:

– E la mega società?
– Sto aspettando che arrivi qualcosa...
– Eh ma non arriva niente...
– Per poter andare avanti con i lavori [della casa, *ndr*], sennò...
– Non arriva niente.
– Arriva, arriva!
– Quando?
– Adesso qualcosa arriva!
– Qualcosa tipo?
– Qualcosa tipo Cina-Brasile dovrebbe concretizzarsi.
– Ma tradotto in soldoni, quanto arriva... più o meno? Arriveranno un centinaio...?
– Spero!
– Almeno centomila euro arriveranno?
– Spero!
– Ma poi lì com'è che funzionan le divisioni?
– ... un cinquanta.
– Com'è che funzionano le divisioni?
– In che senso?
– Ma arrivano duecentocinquantamila euro in tutto?
– No, almen cinquanta...
– Ma cinquanta in tutto o cinquanta... come guadagno tuo?
– Come guadagno mio, sennò... siamo fermi.
– Ma, com'è che... che viene suddiviso il tutto?
– Eh... in base a quello che entra...
– No...
– Sciogliam, certo sì, sciogliamo la società lussemburghese...
– Perché?
– Eh perché, voglio dire, la gnara si è ritirata, c'è dentro il [NOME] o ancora... compagnia bella eh... niente... teniamo solo la [NOME SOCIETÀ].

– Cos'è la [NOME SOCIETÀ]?

– Da una parte... eeeh...

– Cos'è la [NOME SOCIETÀ]?

– È quella panamense che abbiam fatto io e [NOME], teniamo solo quella e poi invece la [NOME SOCIETÀ] per la parte... che poi tra l'altro adesso se tutto va bene farai... odontoiatria sociale in [NOME REGIONE]... in quattro strutture [NOME ALTRA SOCIETÀ].

– Va bene.

[...]

– Finirò ben in galera [...].

– Sta tutto apposto! Semo in una botte de fero! Tutto regolare!

– Sciogliendo quanto rientra da... da Lussemburgo? Quanto è rimasto?

– Quarantamila euro, meno... il primo anno di gestione.

– Diecimila...

– Sì... cinquemila-settemila.

– Quindi poi vanno ridivisi in parti? Ma bisogna anche [incomprensibile, *ndr*] firmare? Duemila euro mi entrano... quanti ne avevo messi... quattro forse?

– Sì, avevi il dieci? Sì...

– Sì, mi sembra... all'inizio eran cinque poi son diventati quattro, perché mille dovevi prestarmeli te... duemila euro rientreranno, duemila e cinque...

– Fai che siano... trent... tremila e tre.

– Buono! Quando si scioglie?

– Adesso.

Successivamente in un altro colloquio:

– Cosa dovrebbe arrivare dopo l'estate? Come lavoro dico...

– Eh... Ci sono due o tre operazioni grosse in ballo.

– Ma che percentuale di possibilità c'è che vadano a buon fine?

– Alta!

– Cosa intendi per grosse?

– L'ospedale in [NOME PAESE].

– Sì, ma cosa intendi per grosse? Come entrata...

– Qualche milione di euro.

– Da dividere in quanti?

– Tre.

– Tu, il [NOME] e il terzo chi è?

– Lo [NOME.]

[...]

– Dall'ospedale pediatrico, cioè dall'ospedale in [NOME PAESE], potrebbero venir fuori un paio di milioni a testa.

– Ne basterebbe uno... No? Facciamo uno... Anche mezzo basta! Non ti risolve la vita ma ti alleggerisce tutto. Anche mezzo milione di euro basterebbe. E poi gli altri affari?[1]

Un'altra area in cui la cronaca ci consegna spesso casi di malaffare e corruzione è quella dell'accreditamento di cliniche e centri di cura privati. Inchieste che coinvolgono i funzionari destinati al controllo della qualità organizzativa e tecnologica delle strutture che chiedono il convenzionamento.

Così, nella ricostruzione degli inquirenti, i responsabili di un centro clinico privato, avvertiti degli imminenti controlli, si affrettavano a spostare le strutture da un'area all'altra del nosocomio, smantellando e ricostruendo interi reparti dell'ospedale:

---

[1]   Il testo integrale dell'ordinanza del giudice per le indagini preliminari è disponibile al link: www.affaritaliani.it/static/upl2015/ordi/ordinanza-rizzi-affari.pdf.

– Famo un po' de Cinecittà... ci tocca sbaraccare tutto.
– E vabbè tu pensa a smontare un'altra volta il quinto piano,
svuotiamo il più possibile, abbiamo già tolto un po' di gente...
e facciamoci il segno della croce.[2]

Anche i rimborsi spesso sono gonfiati attraverso la realizzazione di interventi inutili o mal rappresentati all'autorità
sanitaria.

È quanto emergerebbe – secondo l'accusa – da questo
dialogo nel quale due chirurghi si confronterebbero su come
pianificare una cura per patologie tumorali su un paziente,
in modo da far ottenere il massimo vantaggio possibile per
la struttura sanitaria:

– Eh no, gli faccio il tru-cut è meglio... perché acceleriamo,
così facciamo sia la citologica che l'istologica, così ha tutto.
– Sì, ma perché poi se tu gli fai la cartella di day hospital per
il tru-cut l'ospedale guadagna un sacco di soldi, capito.
– Tu dici di fargli sia l'intervento che la biopsia in day hospital?[3]

*«Lei, dottore, più ci soddisfa, noi più la soddisfiamo.»*
*La corruzione tra medici e case farmaceutiche*

La strada più battuta è quella del farmaco. Anzitutto sono
le sperimentazioni a muovere tanto denaro in nero: gli
inquirenti lo definiscono un «modello delinquenziale spe-
rimentale»: «Sono soldini – afferma un medico parlando
con un collega –, facendo una cosa e n'altra arrivo a portà

---

2    ilmessaggero.it, 22 ottobre 2015.
3    roma.repubblica.it, 23 ottobre 2015.

cinquemila euro a casa, capito? Senza spremermi tanto, piglio i soldi sotto banco, un bordello di soldi, li fatturo a una onlus, perché porto avanti studi clinici e c'ho le aziende che mi propongono contratti...».

E in un'altra conversazione aggiunge: «Quando tu stai nell'università le ditte ti pagano, cioè per qualsiasi sperimentazione clinica... eppure così sono stato pagato io...». Finché il dialogo non diventa sconvolgente:

– Mi dicono: perché mi devo cateterizzare? E tutte queste puttanate qui! Siamo riusciti a fare a sette casi... si sono fatti cateterizzare...
– Sto aspettando di beccare un paziente che ha già il catetere e poi vado di nascosto a prendergli il piscio. Ho anche detto ai ragazzi di cui mi posso fidare: «Quando vedete uno con un catetere, mi fate uno squillo, segnali di fumo...».[4]

Così i pazienti diventano cavie inermi di sperimentazioni ritenute dall'accusa inutili per la loro salute ma necessarie per le sperimentazioni richieste dalla normativa:

– Non è che devi fare qualità, tu devi fare solo il politico se vuoi fà, se vuoi fà insomma i giri in Italia... Per poter fare i cerchi a un certo livello deve esserci una certa struttura ben definita, con certi criteri, comunque o te la fanno fare o fai gli studi finti.
– Ma lo studio finto, [NOME], lo studio sponsorizzato certo finto non lo puoi fà.
– A chi lo vai a raccontà? Per me questi sono tutti studi finti, capito! Tanto alla ditta gli va bene, tanto lo pubblica.
– Ah certo.

---

[4]   corriere.it, 11 novembre 2012.

– Basta dire che il materiale funziona, sono comunque studi sponsorizzati, quelli che ti pagano, fatti alla volemose bene. [5]

E quando pure i dati mancano il rimedio è semplice: «Adesso vedo, tanto qui bisogna inventarsi i dati...».[6]

I medici, orientando il paziente verso un farmaco piuttosto che un altro attraverso le loro prescrizioni, possono fare la fortuna di un'azienda farmaceutica.

Il settore delle prescrizioni mediche ai pazienti è quello che sembra interessare di più le cronache giudiziarie. Gli informatori scientifici spiegano ai medici caratteristiche e pregi di farmaci e terapie, ma talvolta li inducono a prescriverli con la promessa di doni di ogni tipo. I magistrati ritengono che alcune aziende sarebbero state in grado di monitorare i dati di commercializzazione stabilendo «la quantità di prodotti venduti in una specifica zona dall'esercizio al dettaglio di riferimento, e risalendo in tale modo alle prescrizioni effettuate da ciascun medico in quanto operante in quella zona».[7] I regali a questi medici, in questo modo, sarebbero stati perfettamente proporzionati ai risultati di vendita ottenuti.

Il rapporto che in questi casi si instaura tra aziende farmaceutiche e medici è ben sintetizzato dalla frase che un informatore pronuncia in un dialogo con un medico: «Lei dottore più ci soddisfa, noi più la soddisfiamo».[8]

In un'inchiesta avente a oggetto alcuni medici che, in cambio di regali, avrebbero convinto – nell'ipotesi accusatoria – alcune mamme a non allattare in modo naturale

---

[5]   24emilia.com, 13 novembre 2012; mo24.it, 13 novembre 2012.
[6]   lettera43.it, 11 novembre 2012.
[7]   iltirreno.gelocal.it, 22 ottobre 2014.
[8]   firenze.repubblica.it, 22 novembre 2014.

ma utilizzando latte in polvere, i dialoghi intercettati tra un informatore scientifico e un capo area sono davvero emblematici:

– Questi a fine anno, io te lo dico in partenza, qui o esce il latte o questi l'anno prossimo non hanno proprio niente e, cioè, lo chiudiamo 'sto discorso eh?!?!?! Cioè gli diamo la robetta per le vitamine e chiudiamo là eh! Perché questo col latte, tu lo sai come, come la penso io, il latte è una roba serie là, ed è un problema grave.
– Sono abituati che cioè se non chiedono, se non glieli dai te... chiederanno a un altro, lo dà a un altro, non è che ha bisogno di te, eh!
– Sì, ma oltre tutto non solo è gente anche... che per quanto simpatici ti possano sembrà perché ti fanno i sorrisi, sono anche... eee... ti fanno anche le ripicche. Ovvero, se te... ci rimani d'accordo in un determinato modo... e poi dopo... lasci fà.. questi qui dall'oggi al domani... chiudono tutti i rubinetti, non gliene frega 'na sega.[9]

– [Un medico, *ndr*] m'ha detto che ci doveva pensare, però gli poteva interessare un climatizzatore perché fa delle ristrutturazioni.
– [Ride, *ndr*] Ma solo se ci si rientra.[10]
– Quanti nati c'ha lui?
– Lui ne farà mille, milleottocento.
– La partecipazione al convegno è legata a quello che lui ci dà da fà.

Il capo area, riferendo le parole usate con il medico:

---

[9]  iltirreno.gelocal.it, 22 novembre 2014.
[10]  corriere.it, 22 novembre 2014.

Se lei mi dà quello che mi promette allora io può darsi che le faccio uno spazio espositivo, ma di quelli di basso costo. Per il resto non ci pensi proprio perché non sono cifre che noi possiamo più affrontare. Se lei mi sta agli accordi che noi adesso abbiamo stipulato... se viene fuori un lavoro di quelli... egregio, che ci consente di andare oltre, semmai io l'anno prossimo terrò piacere a un pranzo come quello di oggi e andiamo a fare le cose in grande, a fare le robe. Lei dottore più ci soddisfa, noi più la soddisfiamo.

E ancora:

Caro professore, noi cerchiamo collaborazione, noi donazioni non ne facciamo. Quindi, se lei vuole l'aiuto sul suo congresso, lei deve darci l'aiuto, deve essere concreto, l'aiuto a chiacchiere, caro professore, non ne abbiamo bisogno.[11]

La legge vieta le donazioni ai medici da parte delle case farmaceutiche così, talvolta, la presunta tangente prende la foggia del finanziamento delle borse di studio o dei convegni che però sono attribuiti espressamente in cambio di un aumento del fatturato dell'azienda farmaceutica, realizzato attraverso le prescrizioni compiacenti del medico.

È quanto sembrerebbe emergere – secondo l'accusa – dal dialogo tra un manager di una casa farmaceutica e un medico, capo di un'importante scuola:

– Io le finanzio per tutto il quadriennio con centocinquantamila euro un suo specializzando.
– E io le passerò i pazienti della [NOME DELL'AZIENDA CONCORRENTE].

---

[11] iltirreno.gelocal.it, 22 novembre 2014.

I due si accordano poi sulle modalità di pagamento e infine il medico esclama: «Affare fatto».

Il manager non sembra però avere certezza del budget a sua disposizione e così afferma: «Se la cifra fosse eccessiva e non ci dovessimo arrivare, a quel punto io, professore, accetto anche che lei mi dica: "rivedrò al ribasso la percentuale di pazienti che le porto"».

Un'altra volta il medico suggerisce al manager di un'azienda farmaceutica come finanziare indirettamente delle borse di studio: basta «far organizzare qualche convegno». «Voi ci impegnate una certa quantità di denaro. Loro non li spendono tutti e una parte finiscono per pagare questi ragazzi.»

E in un'altra occasione ancora il medico, ricorrendo perfino a un'espressione latina, sintetizza l'abbraccio mortale che viene a crearsi tra aziende farmaceutiche e strutture mediche:

> *Nec tecum nec sine te vivere possum.* Noi non si può vivere con voi perché se si sta troppo a braccetto solo con uno, suona male; né senza di voi, per cui a braccetto bisogna andare. Che cos'è che ci fa stare a braccetto di più o di meno? Eh, la convenienza: non personale... ma della nostra scuola, della nostra struttura, degli eventi che organizziamo. Per cui voi sapete un po' quali sono le regole, insomma... In base a quello poi avrete la vostra fetta di mercato. Se volete di più vi dovete mettere in testa di dare qualcosa di più.

Spiega anche la ragione di questo abbraccio: «L'università di [NOME CITTÀ] è in debiti mortali».[12]

L'università non dispone di risorse per i tagli che da anni sono operati alla ricerca e i fondi sono assicurati dalla

---

[12] quotidianosanita.it, 4 ottobre 2010.

competizione illecita tra le case farmaceutiche. Dalla vendita dei pazienti. E così se un'azienda non finanzia a sufficienza i progetti dei medici, i suoi farmaci vengono immediatamente boicottati.

È quanto emerge dal dialogo tra lo stesso medico e un suo collaboratore:

> – Adesso c'è la [NOME AZIENDA FARMACEUTICA]. Se dicono di no, a quel punto non so che si possa fare.
> – Niente, gli tolgo tutti i pazienti alla [NOME AZIENDA FARMACEUTICA].

Sembra non avere nessuna importanza in questo quadro l'efficienza terapeutica del medicinale, e quindi i suoi effetti sulla salute del paziente. In questo dialogo uno specializzando parla con il medico cercando di sottolineare le qualità di un prodotto. Ma il medico riporta tutto immediatamente all'ordine prestabilito:

> – Ridendo e scherzando, mi sembra un farmaco più efficiente.
> – Sì, ma loro come si comportano con te?... Non ti fare infinocchiare. Se ora questi non performano bene le garanzie, bisogna cominciare a ridurre il movimento, eh?

In un dialogo però il medico mostra un barlume di coscienza o, forse, ha solo una premonizione di quanto sta per accadere nella realtà: «Qui, se viene un controllo, finisce che siamo tutti dentro».[13]

---

[13] *Ibid.*

# Corruzione, appalti e concorsi pubblici

## *«Poi ce la gestiamo io e te.» Gli appalti pubblici pilotati*

Il settore degli appalti è quello in cui il fenomeno corruttivo è più ampio. Il mercato degli appalti vale, in sé e senza considerare l'indotto che genera, oltre cento miliardi di euro l'anno e una tale massa di denaro non può non suscitare l'istinto predatorio dei delinquenti.[1]

La crisi economica degli ultimi anni ha ridotto in modo consistente il valore degli appalti e questo dato, unito alla contrazione dei bilanci delle imprese che ha aumentato la competitività nel settore industriale, ha reso meno rilevante il fenomeno della collusione che fino a qualche anno fa portava le imprese a spartirsi illegalmente il mercato.

Era il cosiddetto «Metodo Siino», scientificamente usato da quello che era ritenuto il «ministro dei lavori pubblici» della mafia, ben descritto in una recente inchiesta stando alla quale le aziende «a tavolino decidevano chi dovesse vincere la gara e le altre partecipavano con offerte suicide. Era un sistema a rotazione, l'importante è che alla fine tornasse la

---

[1] Dati tratti dalla Relazione annuale al parlamento del presidente dell'Autorità per la vigilanza dei contratti pubblici di lavori, servizi e forniture, 15 giugno 2015.

contabilità. Infatti se una società otteneva dieci milioni con un solo appalto, le altre dovevano ricevere due appalti da cinque milioni ciascuna».

A questo sistema si ricorre ancora: «Ci sono nove motori che devono uscire e così come hanno fatto l'altra volta con [NOME] stavolta hanno tenuto fuori me. Quindi vedete che le cose si sanno quindi, che la prossima volta può darsi che tocca a te o tocca a quell'altro. [...] L'importante è che non ci agitiamo quando succedono queste cose».[2]

Ma il metodo è recessivo: oggi appare ancora più rilevante il comportamento criminale della singola impresa che cerca di ottenere la commessa corrompendo i funzionari degli uffici gare.

Il primo obiettivo è non fare proprio la gara e questo è consentito in due casi: quando l'importo è basso, al di sotto delle soglie fissate dall'ordinamento comunitario, o quando ci sono ragioni di estrema urgenza.

Se la gara è di importo superiore a quanto stabilito dalla direttiva il trucco è quello di frazionarla artificiosamente, bandendo tante gare di importo inferiore alla soglia che determina l'obbligo di utilizzare la procedura concorrenziale.

Così, ad esempio, succede quando in una mail un collaboratore accenna alla possibilità di spacchettare un contratto di sette, otto milioni in decine di gare di importo inferiore a quarantamila euro – la soglia di importo che determina l'obbligo di gara – scrivendo: «Poi ce la gestiamo io e te, ti faccio un po' di affidamenti sotto i quaranta...». L'imprenditore si altera: «Non deve scrivere quelle stronzate lì». E una sua collaboratrice rincara: «Una roba del genere non è il caso... vedi è come se gli dicessimo sì, non vi preoccupate, non facciamo la gara, facciamo dieci incarichi da quattro-

---

2  ilfattoquotidiano.it, 4 ottobre 2011.

centomila [*rectius*: quarantamila, *nda*] euro».[3] In un'altra occasione un imprenditore spiega ancora più chiaramente il meccanismo:

– ... ma quell'altro dov'eri capofila tu, come siamo messi?
– Noi a posto, ho già dato l'incarico a quello di [NOME CITTÀ], ce lo dividiamo in sette, molto probabilmente in modo tale che ogni comune si faccia il pezzo suo... Le gare le facciamo noi, sette. Anche se ci costerà di più.
– Una per ogni comune?
– Esatto perché dopo dobbiamo gestire per forza la procedura amministrativa e finanziaria. Se faccio un progetto unico diventa europeo ed è un casino. Invece mettiamo a bando solo quel progetto per ogni paese e anzi possiamo fare addirittura trattative private.[4]

E l'obiettivo è proprio questo: la trattativa privata, che evita il confronto competitivo e consente all'amministrazione di affidare l'appalto in via diretta, senza formalità. L'amministrazione italiana prova una tentazione irresistibile alla trattativa privata che costituisce il metodo con cui vengono assegnati più di otto contratti su dieci nel settore dei lavori pubblici.[5]

Il dato si spiega tenendo conto del piccolo importo della maggior parte dei lavori, si pensi alla manutenzione delle strade, ma merita attenzione giacché è questa la procedura che presenta minori vincoli e maggiori possibilità di abusi.

---

[3]   milano.corriere.it, 21 marzo 2014.
[4]   lanuovasardegna.gelocal.it, 30 aprile 2015.
[5]   *Utilizzo della procedura negoziata quale tipologia di scelta del contraente*, comunicato del presidente dell'Anac, 19 febbraio 2015.

Alle procedure semplificate si può far ricorso, come accennato, anche nei casi di urgenza e infatti le situazioni di emergenza sembrano far felici alcuni imprenditori senza scrupoli.

La conversazione intercettata all'indomani del terremoto dell'Aquila è ormai celebre:

– Sì.
– Oh ma alla [NOME] occupati di 'sta roba del terremoto perché qui bisogna partire in quarta subito... Non è che c'è un terremoto al giorno.
– No... lo so [ride, *ndr*].
– Così per dire per carità... poveracci.
– Vabbuò... ciao.
– O no?
– Eh certo... Io ridevo stamattina alle tre e mezzo dentro al letto.
– Io pure... vabbuò... Ciao.[6]

E questi imprenditori non sono gli unici a non sembrare tristi per l'immensa tragedia. Ecco un altro dialogo intervenuto tra un imprenditore e un politico le cui posizioni sono state comunque archiviate dalla magistratura:

– Ormai L'Aquila s'è aperta.
– Tu ancora non te ne stai a rende conto ma L'Aquila si è aperta... le possibilità saranno miliardarie. Io sto a cercà di prendere 'ste centosessanta case, se non lo pigli mò non lo pigli più, questo è l'ultimo passaggio di vita, dopo 'sta botta, hai finito, o le pigli mò...
– O gli pigli mò o non gli pigli più...
– Esatto abbiamo avuto il culo di...

---

[6]   lastampa.it, 14 febbraio 2010.

– Del terremoto!

– Il culo che, in questo frangente, con tutte 'ste opere che ci stanno, tu ci sta pure in mezzo, allora, farsele scappà mò è da fessi... è l'ultima battuta della vita... o te fai gli soldi mò...

– O hai finito.[7]

Dall'altra parte dell'Italia la notizia non sembra suscitare emozioni diverse. Questo è il dialogo registrato dagli inquirenti tra due imprenditori che vivevano e operavano a migliaia di chilometri dalle zone terremotate:

– Oggi sono andato nelle zone terremotate... io sono andato a Terni, poi sono arrivato alle porte di Perugia, poi sono andato a Fabbro... poi a Calvi dell'Umbria che mi stanno approvando un progetto... erano le due e ho detto ora ci vado e sono scappato per L'Aquila, minchia disastri.

– Già i primi cinquanta milioni di euro glieli hanno mandati.

– E vabbè ma ancora privati non ce ne sono. Là è tutto protezione civile, vigili del fuoco, pompieri...

– Minchia [ride, *ndr*] ci dobbiamo andare, secondo me per dieci anni, per i prossimi dieci anni di lavoro solo là saranno per l'Italia, per l'edilizia... minchia quante macerie... cumuli di macerie.

Ancora in una successiva conversazione:

– Perché onestamente qualcosa la vorrei intrapre... perché c'è tutto da fare... organizziamo uno studio tecnico privato... mettiamo quattro baracche di legno in qualunque modo. Organizziamo... compriamo un pezzo di terreno.

---

[7] ilfattoquotidiano.it, 11 gennaio 2014.

– Abbiamo proprio i riferimenti giusti.
– Quando dici tu io salgo perché il tempo è ora.[8]

Lo stesso copione in occasione di un altro terremoto recentemente avvenuto in Italia quando un imprenditore, vicino secondo gli inquirenti alla 'ndrangheta, viene intercettato mentre discute con un collega, ridendo dei crolli appena avvenuti:

– È caduto un capannone a [NOME CITTÀ].
– Eh allora lavoriamo là [ride, *ndr*].
– Ah sì, cominciamo, facciamo il giro.[9]

*«Faremo il bando... fatto in una certa maniera.»*
*I «bandi fotografia» costruiti per far vincere un'impresa*

Il sistema più sicuro e rodato è quello di redigere – grazie alla complicità degli amministratori – un bando di gara che assicuri a un'impresa di vincere.

È il cosiddetto «bando fotografia» che, con tecnica sartoriale, viene costruito sulla base delle caratteristiche dell'impresa a cui si vuole farlo aggiudicare. Vengono previsti requisiti di partecipazione alla gara posseduti solo da un concorrente o criteri di valutazione che premiano un aspetto sul quale lo stesso è particolarmente forte.

Il più delle volte il bando di gara viene concordato tra le imprese e i funzionari della pubblica amministrazione: «Ho l'operazione sotto controllo... e l'operazione andrà per forza in porto... ci siamo visti con l'ingegnere comunale, con il sindaco e abbiamo fatto quello che dovevamo fare... faremo

---

8   livesicilia.it, 13 luglio 2015; ilmessaggero.it, 14 luglio 2015.
9   gazzettadireggio.gelocal.it, 29 gennaio 2015.

il bando... fatto in una certa maniera» afferma un imprenditore rassicurando il funzionario di banca al quale ha chiesto un fido per la prosecuzione della sua attività di impresa.[10]

Altre volte invece sono le stesse imprese a scrivere il bando e a consegnarlo «precotto» alle amministrazioni, come sembrerebbe emergere – nell'ipotesi accusatoria – in questo dialogo tra un funzionario pubblico e il titolare di un'impresa.

– Questo è un bando fatto a regola d'arte de... Ve lo dovete modellare voi... come sono le cose vostre, voi sapete l'azienda vostra. Me lo riportate e io lo controllo che è inattaccabile.. ma voi sapete cosa, dove siete forti.
– A me non mi può mettere quaranta punti per gli autobus ecologici e cinque per le sistemazioni delle pensiline...
– E noi li mettiamo al contrario no? Cinque punti per gli autobus e quaranta per le pensiline o no? Allora ti devi modificare il bando in base alle tue esigenze...[11]

In un'altra inchiesta, sono questi i rapporti che si rivelano tra il dirigente di una pubblica amministrazione e il titolare di un'impresa che partecipa a una gara: «Ti ho mandato poco fa una nuova versione dell'avviso... per quel comune. È una versione molto più semplice ed è una logica conseguenza della lettera che tu gli hai mandato».[12]

È questo il sistema utilizzato anche per appalti più complessi: «Lì bisognerebbe proprio preparare il bando» afferma un imprenditore discutendo con il suo socio.

«Sto già procedendo – risponde l'altro – sto preparando il bando... mi hanno già mandato una bozza, la devo far

[10] lagazzettadelmezzogiorno.it, 5 febbraio 2015.
[11] termolionline.it, 29 ottobre 2015.
[12] huffingtonpost.it, 11 dicembre 2014.

vedere a chi di competenza, dopodiché verrà fatto il bando per poter procedere.»

«Oggi – riprende l'imprenditore – abbiamo fatto l'incontro al Comune con il sindaco, l'ingegnere comunale e [NOME]... vi sono richieste al Comune di [NOME COMUNE] di 247 alloggi... ma io i terreni ce li ho per fare cento... pure trecento ne posso fare... con tutti i suoli che ho... Lunedì sera abbiamo un altro appuntamento per vedere di andare avanti.»[13]

Fino a questo momento l'operazione può assomigliare a una gara a iniziativa del privato che, a certe condizioni, è ammissibile e prende il nome di *project financing*. In questo tipo di gare il privato propone un progetto di opera pubblica da realizzare a spese proprie ottenendo il diritto di gestirla e trarne reddito per un certo numero di anni. È questo il modo in cui vengono realizzate opere, quali parcheggi pubblici o strade, definite «calde» in quanto capaci di produrre flussi di reddito adeguati a remunerare gli investimenti necessari per realizzarli e quindi per ciò stesso ritenute appetibili dagli imprenditori.

I dialoghi captati dagli investigatori nei giorni successivi fanno però tramontare l'idea che sia questo il tipo di operazione che gli imprenditori intendono realizzare. Come si desume dalle parole di questo imprenditore rivolto al suo commercialista:

Io la situazione ce l'ho sotto controllo perché con l'operazione che vado a fare, al Comune gli sbologno due lotti, tutti e due i lotti di [NOME IMPRESA] vengono dati al Comune con prezzo di convenzione a mille e cinquecento euro... di più di quanto

---

[13] gioianews.it, 14 marzo 2015.

sto vendendo io a questi morti di fame... pezzenti... che non hanno un euro... allora io con l'operazione col Comune... ho chiuso tutte le parti... mi avanzano pure i soldi [...] Faremo il... il... il... bando... a... mmm... fatto in una certa maniera... in maniera tale che gli sbologno due lotti... mi sbologno tutti e due i lotti di [NOME IMPRESA]... e me ne esco dalla [NOME IMPRESA]... e me ne esco bene... non... benissimo... me ne esco... perché i due lotti... io... duecentocinquantamila euro... ci ho... sul lotto... da darvi, capito? L'altro lotto loro me lo pagano... me lo pagano all'istante...[14]

Certo ci sono ostacoli burocratici da superare in questa sorta di clonaggio dell'amministrazione: «Occorre una relazione di giunta o ufficio competente propedeutica al bando che fotografi la situazione attuale. Ci stiamo attivando».

L'imprenditore è ottimista: «A fine mese uscirà il bando», ma non ha previsto che l'amministrazione non accetterà di acquisire il bando offerto dall'impresa «a scatola chiusa». Costruirà il bando basandosi su quello fattole avere dall'impresa e lo sottoporrà comunque al controllo di questa prima della pubblicazione. È quanto emerge dalla conversazione che l'imprenditore ha nuovamente con il suo socio: «Io sono stato avantieri... da quell'amico lì... eee... in pratica lo prepara lui... lui non vuole che venga... not... diciamo... fatta la proposta da parte dell'ente... cioè... noi non dobbiamo farla noi... è bene che l'ente prepari il bando... e quindi lui mi ha detto che entro venerdì... eee... mi dà una bozza che ti giro... sì perché ha visto quella che le hai mandato tu... diciamo a grandi linee va bene».[15]

---

[14] gioianews.it, 21 marzo 2015.
[15] *Ibid.*

Questo inatteso «attivismo» dell'amministrazione rischia di allungare i tempi: «Frà che tempi abbiamo?» chiede l'imprenditore temendo la burocrazia.

«Siccome risulta che il bando lo fa il Comune... loro devono integrare... tutte le carte nostre... la delibera al bando» risponde il funzionario e, di fronte alle preoccupazioni dell'imprenditore, aggiunge: «Che volete da me? Se me l'avesse detto prima... madonna santa... che poi onestamente l'iniziativa l'hai presa tu».[16] C'è anche il rischio che il bando costruito dall'amministrazione apra veramente una competizione tra i partecipanti e così l'imprenditore si raccomanda: «Bisogna mettere dei paletti affinché venga assegnata a noi» come il requisito che «l'impresa deve essere già proprietaria dei suoli e che non devono essere acquisiti successivamente... cioè mettere un po' di cose in maniera tale da far sì che solo noi... siamo quelli che possiamo partecipare».

Eppure – secondo l'accusa – dovrebbe stare tranquillo: il funzionario, infatti, dopo averlo invitato alla cautela perché i telefoni potrebbero essere intercettati, lo rassicura dicendogli: «La commissione è scelta da me».

Ma anche questo non sembra bastare ed è così che l'imprenditore chiede che il bando sia pubblicato nel periodo estivo in modo da sfuggire agli altri imprenditori: «Ad agosto... perché non possiamo dare a nessuno la possibilità di poter fare questo progetto».[17]

La pubblicazione in verità slitta di qualche giorno ma in compenso il lavoro sembra proprio scrupoloso. Il bando, secondo quanto affermato dall'accusa, viene sottoposto al vaglio dell'imprenditore: «Allora... questo è il bando che dovrebbe uscire venerdì, io per maggior zelo l'ho preso, te

---

[16] gioianews.it, 29 marzo 2015.
[17] gioianews.it, 3 aprile 2015.

lo controlli... se va bene... se devi apportare qualche modifica... poi me lo dai... se va bene... senza che... mi mandi un messaggio... dici [NOME] okay».

L'okay arriva presto, e come concordato: «[NOME], va bene così».

Celebrata la gara, i colloqui tra imprenditore e funzionario sembrano prendere una piega diversa. L'imprenditore è preoccupato e il funzionario lo tranquillizza:

– Statti tranquillo e dormi, dormi... però risolvi i problemi collaterali – [alludendo, secondo la ricostruzione accusatoria, alla tangente da versare, *nda*] forse non ci siamo capiti... tu mi dicesti che dobbiamo spezzettare e io ti dissi... non è possibile allungare i tempi a dismisura e tu dicesti: va bene, mò vedo io.

– Ma che dismisura, voi mi dovete dire... ma io non è che posso... centomila euro domani... e prima devo avere la certezza [...] noi li dividiamo... in che tempi avete bisogno voi io ti dico i tempi miei... non meno di cinque mesi... venti al mese.

– E però dobbiamo vedere da quando parte... se i cinque mesi partono tra un anno...

– No, da subito, da subito... no, no... firmato l'accordo, in cui lo firmiamo io vi do una ventina...[18]

Vincere è facile se un requisito del bando è posseduto solo da un'impresa. Spesso questo requisito è costituito dalla localizzazione dell'impresa, cioè dall'avere strutture e uffici in una certa zona del territorio. I giudici amministrativi hanno da sempre ritenuto questa clausola illegittima, ma molte amministrazioni continuano a ricorrervi per favorire le aziende locali. È quanto sembra emergere da questo

---

[18] gioianews.it, 18 aprile 2015.

dialogo: «A 30 km deve stà da [NOME CITTÀ]... e noi quello l'abbiamo messo praticamente per fargli vincere la gara».

Il requisito territoriale deve essere particolarmente efficace se il funzionario continua così:

> Questa settimana chiudiamo il bando... inc..., be'... pubblichiamo il bando poi tornerò per la commissione per aggiudicarla però diciamo che è abbastanza blindato insomma, non... sarà difficile che se lo possa aggiudicare qualcun altro, [i due ridono, *ndr*] vabbè, no vabbè dai è quasi impossibile nel senso che alla fine... inc... per cui continueranno a... a gestirlo quelli che lo gestiscono adesso, mi pare più corretto.[19]

Un sistema che funziona merita di essere replicato, così, come affermato in un'ordinanza cautelare per accuse di corruzione, gli imprenditori possono fornire «pacchetti chiavi in mano, progetti copia e incolla che venivano riproposti identici alle singole amministrazioni comunali» peraltro riferiti a «interventi inutili nella gran parte dei casi».[20]

Lo stesso spirito anima questa conversazione in cui un imprenditore racconta a un suo socio di un dialogo avuto con un funzionario di un Comune:

> – Hai visto che ho parlato io... con [NOME] che ha detto: «No, ma stai scherzando, dammi la soluzione, dammi la soluzione, io non ho problemi».
> – No, no, perché mi hanno detto che sei agitato.
> – No, no, la soluzione.

Ed ecco la soluzione:

[19] catania.livesicilia.it, 5 giugno 2015.
[20] sardiniapost.it, 1° maggio 2015.

Allora, sul depuratore gli diamo il bando noi, tipo quello di coso, di... [NOME CITTÀ]: offerta economicamente più vantaggiosa, dove noi lì mettiamo il limite al ribasso e lì mettiamo l'ottanta punti alla relazione metodologica. Molto semplice! E lì facciamo il ribasso massimo del dieci per cento e l'altro ci troviamo una soluzione, un paracarro di garanzia...[21]

E la desolante conclusione la dipinge bene un commissario di gara che viene ascoltato in un'altra inchiesta mentre parla con un imprenditore: «Ti piace, eh, vincere facile!».

*«Levale di mezzo queste qua.» I trucchi per far vincere un'impresa*

Se non si può cambiare il bando, si può sempre sostituire la busta con l'offerta già presentata dopo avere preso visione delle offerte degli altri partecipanti:

– La busta D [relativa alla gara d'appalto, *ndr*], di' che la cambino.
– Ma chiaramente.
– Okay?
– Chiaramente.
– E bisogna che si faccia.
– Chiaramente.
– Quindi bisogna in effetti che tu abbia accesso alla chiave e alla cassaforte, me ne occupo.
– Ti occupi tu di tutto questo.
– Sì, sì, allora, ti dirò come, non so.[22]

---

[21]  unionesarda.it, 30 aprile 2015.
[22]  lagazzettadelmezzogiorno.it, 16 dicembre 2008.

In un'altra conversazione, captata in un'altra inchiesta, emerge un sistema ancora più sofisticato.

> [Questa] la perdiamo eh... Dobbiamo modificà una parte del progetto perché se c'è poi un accesso agli atti, alcune cose son matematiche... quindi dobbiamo mette... attrezzature proposte: i mastelli con apertura frontale. [...] Vieni con noi mercoledì sera e porti solo le due pagine. Alle sette di sera... tu vieni armato cò tutte le cose... vieni anche con un'altra busta. [...] In modo che c'hai le pagine pronte che poi combaciano no... [ride, *ndr*] devono combacià le pagine [NOME] me raccomando! [...] Se riuscimo ad aprì la busta non ce stanno giochi ma se non riuscimo ad aprì la busta bisogna rifasse i conti.

L'imprenditore continua poi parlando con un'altra collaboratrice:

> – Te devi portà... il computer...
> – Se annamo su dove stampamo? Portiamo il computer nostro... vabbè per fà le simulazioni... per stampà no [...] io me la tengo l'offerta... in bianco... stampata... al ribasso.
> – E così usciremo metti 58... 58 e 50... Questi me li abbassano li portano tutti a 50... e così questi si trovano... e poi tra noi e...
> – Te domani puoi andà all'apertura de 'sta gara con un'altra busta? [...] L'altra volta quando l'ho vi... cambiai la busta... ho fatto più il ribasso... dovevamo vince sempre.

Il sistema è efficace se la collaboratrice, il giorno dell'apertura delle buste, può mandare un sms esultante: «Risultati: Abbiamo vintooooooooo!».[23]

---

[23] iltempo.it, 5 dicembre 2014; roma.corriere.it, 11 dicembre 2014.

Poco dopo l'imprenditore gioisce con un suo collaboratore: «Pè cinque anni stamo a...».

Capita però che il cambio delle buste crei qualche problema tecnico. Bisogna fare in fretta e soprattutto prestare attenzione a che le diverse dimensioni non insospettiscano nessuno:

– Metti questa roba nella macchina... e stava alle 10.15, va bene, non ce la faccio... non ce la faccio.

– 10.15, 11.15, ce la fai... sono le 9.45.

– Sono le 9.45, quello portava le dieci passate, questo scemo! [NOME] che ha fatto, quando... quando... quando ha presentato la progettazione... nella busta precedente hanno fatto «questo malloppolo qua»... guarda ora ti faccio vedere... allora questa è quella là, vecchia che avete presentato voi, okay... eccola qua, vedi, con lo scotch, tutte le cose, vedi... questo qua, mentre quello che abbiamo fatto noi nuovo che abbiamo aggiunto delle cose, vedi, quelle che ci ha detto [NOME], non era venuto così doppio, perché è diverso da quello che ha fatto [NOME] a una facciata... automaticamente, meno male fortunatamente che ci è entrato nella busta.

– Scusa, ma non è che questo andava messo insieme all'altro?

– Quale?

– Dove sta l'altro che ha fatto [NOME], non ci sta?

– No... già gliel'ha rimasto a lui, è tutto a posto... relazione tecnica.

– Non era più doppio quell'altro?

– No, allora... questa è relazione tecnica e relazione tecnica, okay... mentre [NOME] mi ha fatto la relazione tecnica più la campagna di comunicazione alla cittadinanza, questo qua e quello là... automaticamente.

– E ora?

– Eh...

– E ora?

– Fortunatamente ci è entrato dentro.

– Ma ci sta tutto?

– Ci è entrato dentro.

– Ma non è che manca qualche fascicolo?

– No, no, no... campagna di comunicazione alla cittadinanza, questo è quello vecchio che avete presentato voi...

– In pratica è venuto più doppio.

– Eh... hai voglia.

– Embè hai aggiunto le pagine, siete stati una giornata a scrivere ieri bene o male... [incomprensibile, *ndr*] le pagine...

– Questo è il vecchio, eccolo qua.

– Lasciamele a me queste carte.

– È normale che le do a te.

– Però nascondile, mettimele dentro... non si può mai sapere, queste ci sono le firme mie sopra... [incomprensibile, *ndr*]... Salvatore avete fatto tutto per bene ma ti vedo un po' dubbioso, c'è qualche problema?

– No, tutto a posto, tutto a posto... ecco qua questa è la campagna pubblicitaria, quella la nuova, perché ha detto che una sola basta a lui.

Certo resta il problema dello «smaltimento» delle vecchie buste che però è presto risolto:

– Sì... dammele qua.

– Levale di mezzo queste qua, girale tutto al contrario. Metti la faccia del Comune sotto.

– Ora che arrivo a [CITTÀ] le appiccio [brucio, *ndr*] proprio.

– Come, non ho capito...

– Me le porto a casa e le appiccio proprio, almeno quelle che ci sono sopra le firme.

– Eh...

– Mica è stata firmata ogni pagina, no?
– Non ho capito...
– Mica è stata firmata ogni pagina, non credo...
– No, no...[24]

La busta può essere sostituita anche quando la documenta-zione inserita nell'offerta non corrisponde a quella prevista dal bando. È il caso di un'impresa che, nell'ipotesi accusa-toria, provvede all'allegazione del documento corretto dopo la chiusura della gara «in modo fraudolento», grazie alla connivenza di un dirigente che anziché escluderla, come previsto dalla legge, si limita a fare una «lavata di capo».

«C'è da dire – commenta l'imprenditore parlando con la moglie – che in questa situazione con la [NOME DEL FUN-ZIONARIO PUBBLICO] connivente con 'ste cose... fare una lavata di capo, ma in un'altra gara era la fine perché non ci sono dubbi: è causa di esclusione.»[25]

La questione si complica se poi bisogna cambiare le buste di una gara effettuata in una base militare che pre-senta strutture di sicurezza rinforzate e un elevato livello di sorveglianza. Nulla però scoraggia gli habitué del malaffare che si riorganizzano presto.

Anzitutto trovano uno scassinatore professionale: «Era il numero uno per quanto riguarda la cassaforte – afferma un imprenditore intercettato mentre illustra a un altro il piano – faceva le banche [risata, *ndr*] penso che insomma... capito?».[26]

E dalla ricostruzione degli inquirenti emerge poi un rac-conto che sembra saccheggiare la cinematografia di Holly-

---

[24] ilgolfo24.it, 17 gennaio 2016.
[25] abruzzoweb.it, 21 gennaio 2012.
[26] ricerca.repubblica.it, 12 dicembre 2015.

wood: visori a infrarossi, scassinatori che dormono sui silos all'interno delle aree militari per sfuggire al controllo delle ronde e perfino un uomo che esce dalla caserma con la complicità di un ufficiale che lo nasconde nel bagagliaio dell'automobile.

E tutto questo è nulla rispetto alla fantasia che dimostra il funzionario che, come è stato ricostruito dagli inquirenti, ha utilizzato una speciale microtelecamera medica, un laparoscopio normalmente utilizzato per biopsie e indagini non invasive su organi interni, che veniva introdotta attraverso un microforo nelle buste che contenevano le offerte in modo da conoscerne il contenuto. Così facendo, senza che nessuno potesse accorgersi della manomissione, i complici del funzionario potevano aggiudicarsi le gare con ribassi anche di pochi centesimi rispetto ai concorrenti.[27]

*«Voi vincerete la gara...» La sicurezza del risultato grazie alle complicità interne*

Se, come abbiamo visto, il bando può essere scritto dall'impresa destinata a vincere, allo stesso modo la commissione di gara che deve aggiudicare l'appalto può essere scelta da qualche partecipante.

«La commissione è scelta da me, forse non è chiaro» afferma un partecipante a una gara, parlando con uno dei suoi tecnici e il caso non sembra isolato.

«Chiamo [NOME] da parte, gli dico... la commissione la decidiamo insieme» afferma un altro e un altro ancora si spinge a delineare le caratteristiche del suo commissario di

---

[27] «Il Mattino», 28 giugno 2016.

esami ideale: «Uno dondolo [uno scemo, *ndr*]... uno che non fiata, non parla e se fa i cazzi se».[28]

E se poi si trova il commissario adatto non c'è motivo per cambiarlo, come emerge dal dialogo che segue in cui un funzionario pubblico afferma: «E la prima gara io ho fatto il presidente della commissione e poi c'è stata una seconda gara... e poi adesso questa è la terza, praticamente in tutte e tre ci sò stato io in commissione».[29]

E del resto lo stesso funzionario poco dopo può chiarire che: «Il presidente della commissione lo faccio io... è una gara finta».[30]

Una commissione compiacente consente di pilotare la gara assegnando i punteggi in modo da far vincere un'impresa piuttosto che un'altra.

È quanto – secondo gli inquirenti – può trarsi da questa conversazione in cui un funzionario pubblico sembra scusarsi con un imprenditore per non averlo accontentato, non avendo potuto escludere un'impresa concorrente che aveva presentato un'offerta di grande qualità: «[NOME IMPRESA] ha fatto un lavoro bellissimo. Non la posso esclu... L'abbiamo ammessa alla valutazione». Ma l'imprenditore ha subito la soluzione: «Daglie qualche punto in meno, uno solo io perdo».[31]

Talvolta la commissione amica serve per conoscere i punteggi assegnati alle imprese nella valutazione delle offerte di gara o addirittura per avere anzitempo informazioni sull'esito della gara: «Io non so se farglieli vedere a [NOME IMPRESA] i punteggi della [NOME ALTRA IMPRESA]» si chiede

[28] leditoriale.com, 2 ottobre 2015.
[29] ilmanifesto.info, 5 giugno 2015.
[30] lastampa.it, 9 dicembre 2014.
[31] roma.corriere.it, 11 dicembre 2014.

un funzionario pubblico, commissario di gara, parlando con il direttore dell'ente.

La risposta del direttore è disarmante: «Ma l'avrà già visto sicuramente... figurati».[32]

Il gergo per comunicare le informazioni relative alla gara, quando queste ancora dovrebbero essere segrete perché i lavori della commissione non sono terminati (e spesso nemmeno iniziati), è comico più che criptico: «Sulla ferita mi hanno messo in più due punti di sutura e un cerottino... settimana prossima li tolgono».[33]

È il modo in cui – secondo gli inquirenti – viene comunicato da un funzionario a un imprenditore il risultato della gara e in effetti l'impresa ottiene proprio 2,40 punti in più del diretto concorrente.

Un altro funzionario avverte un imprenditore della necessità di modificare l'offerta che era già stata proposta, attraverso l'illecita sostituzione delle buste, comunicandogli «in codice» l'offerta che sarebbe risultata vincitrice. Il codice utilizzato, secondo gli inquirenti, è quello della vendita di un'automobile che non avrebbe potuto avere un prezzo inferiore a «trentacinquemila euro virgola quattro quattro quattro»: esattamente la percentuale di ribasso per cui poi l'imprenditore si aggiudica la gara.[34]

Questo sistema si sintetizza nella frase che un presunto esponente della malavita calabrese rivolge a un imprenditore: «Volete vincere la gara? Voi vincerete la gara, non vi preoccupate...».[35]

---

[32] corrieredelveneto.corriere.it, 28 ottobre 2013.
[33] abruzzoweb.it, 1° ottobre 2014.
[34] repubblica.it, 11 dicembre 2015.
[35] zoom24.it, 25 gennaio 2016.

*«Noi vogliamo un importo sui lavori.» Quando il subappalto diventa un modo per pilotare le gare e ottenere una tangente*

Le imprese possono realizzare patti collusivi stabilendo di non mettersi in competizione tra loro, non partecipando alle gare o ritirando la propria candidatura. In questo modo potrebbe vincere un'impresa che magari ha offerto un prezzo elevato o fuori mercato. L'amministrazione spenderà più del necessario e il maggior profitto potrà essere ripartito tra tutte le imprese compiacenti.

«Quando si può spartire si spartisce» afferma un imprenditore parlando, secondo l'accusa, con un sodale del modo di dividersi i subappalti.[36]

I subappalti sono i contratti con cui l'impresa che vince una gara conferisce una parte dei lavori da svolgere a un'altra società, che li realizza in proprio. Questo strumento è essenziale per favorire le piccole imprese che costituiscono il tessuto produttivo del nostro paese ma deve essere attentamente monitorato perché può costituire fonte di abusi.

Le imprese che non partecipano alla gara per avvantaggiarne un'altra potrebbero infatti riuscire a ottenere una parte dei lavori proprio attraverso il subappalto. In questo modo, peraltro, non rinunciano nemmeno all'acquisizione dell'esperienza in un certo lavoro, che potrebbe essere richiesta in un successivo appalto quale requisito di partecipazione alla gara.

È quanto emerge con chiarezza dalla risposta che un imprenditore dà al giudice durante un interrogatorio: «Ci aiutavamo così per sopravvivere. C'era la crisi, non si lavorava, se uno di noi vinceva affidava il subappalto all'altro e

---

[36] iltirreno.gelocal.it, 16 giugno 2012.

viceversa. Il subappalto ammesso per legge era il 30 per cento dell'importo».[37]

Il subappalto può costituire esso stesso il metodo per pagare una tangente. Una parte del lavoro ottenuto in gara viene attribuito a un'impresa indicata dal funzionario che ha favorito l'impresa vincitrice.

Il dialogo tra due imprenditori che segue, secondo gli inquirenti, costituisce un esempio tipico di anomala utilizzazione del subappalto.

— Adesso c'abbiamo un problema sul [NOME AMMINISTRAZIONE], sempre con il partner locale che lo hanno trattato come l'ultimo dei subappaltatori, tieni conto che noi da quella gara eravamo fuori... Siamo rientrati...
— A [NOME CITTÀ]?
— Al [AMMINISTRAZIONE] di [CITTÀ]. Siamo rientrati... [NOME IMPRESA 1] non ci voleva a noi... È stato quello [il politico che nell'ipotesi accusatoria avrebbe favorito l'impresa, *nda*] che ha detto a [NOME IMPRESA 2]: «O entra [NOME IMPRESA 1] oppure te ne vai tu. Anzi i patti li facciamo prima che esce il bando, perché il bando deve uscire come diciamo noi, perché se ti possiamo cacciare, poi ti cacciamo». Noi adesso a quello lì lo stiamo trattando peggio dell'ultimo dei subappaltatori... [...] Oh poi tieni conto che quello lì è un [CARICA POLITICA], ed è stato il primo eletto [...] E lo stiamo trattando a quel modo, adesso si è incazzato, io ieri sono stato costretto ad andare lì, mi ha fatto vedere la proposta che ha fatto lui, che riguarda la gestione delle manutenzioni elettriche, la storia. Che noi nei patti avevamo detto che il 68 per cento del valore della manutenzione elettrica l'avremmo data in subappalto a un'azienda indicata da lui.[38]

[37] gazzettadimodena.gelocal.it, 24 gennaio 2014.
[38] lagazzettadelmezzogiorno.it, 26 novembre 2013.

Il subappalto infine può costituire anche il modo per pagare il «pizzo» alle organizzazioni criminali. Significativo è il racconto che un pentito di camorra fa agli inquirenti:

> Abbiamo trovato terreno fertile tra le imprese che venivano da fuori e prendevano appalti, quando ci siamo presentati per trattare, abbiamo trovato facilmente un accordo nell'interesse di tutti. [...]
> Se una società avesse deciso di non accettare le nostre richieste di subappalto, il clan avrebbe reagito male. Come? Bloccando i cantieri, ma ancor di più provando a condizionare i sindaci dei rispettivi Comuni.[39]

Questo spiega il grande interesse che le organizzazioni criminali nutrono verso il subappalto. E si spiegano così le parole che pronuncia un boss della mafia siciliana intercettato in un'inchiesta su appalti irregolari: «Devono avere una nuova regola... noi soldi non ne vogliamo più... noi vogliamo un importo sui lavori».[40]

Una percentuale di lavori frutta molto di più di una tangente pagata una tantum.

*«Metti meno cemento e più sabbia.» La cattiva esecuzione dei lavori. Il danno per i cittadini*

La cattiva esecuzione dei lavori, realizzati con materiali scadenti o addirittura non realizzati affatto, consente lauti guadagni, ma presuppone la complicità dei funzionari destinati al controllo delle opere.

---

[39] lettera43.it, 30 marzo 2015.
[40] catania.meridionews.it, 23 febbraio 2016.

Così, come afferma il giudice per le indagini preliminari in un'ordinanza per fatti di corruzione: «gli imprenditori pagavano i funzionari per risparmiare sulle spese dell'appalto. Si risparmiava sullo spessore dell'asfalto, sulla fresatura (cioè quello che levi) e sulle bonifiche, vale a dire la parte inferiore del sottofondo. Quest'ultima voce, per capirci, può funzionare così: se devi scavare venti centimetri, ti fanno fare dieci».[41]

E da quanto sembra emergere da un dialogo tra un imprenditore e un funzionario comunale in merito alla pulizia delle caditoie stradali, cioè dei tombini posti ai lati delle vie e che dovrebbero drenare l'acqua piovana: «Non le puliamo, è chiaro che io faccio finta che le pulisco, ma chi cazzo le pulisce, dai!», tanto – come contestano gli inquirenti – i tombini «si sarebbero risporcati in breve tempo, rendendo arduo contestare l'omissione».[42]

In un'altra occasione il funzionario chiama l'imprenditore raccontando, un po' spaventato, di aver ricevuto una convocazione:

– dall'assessore, che entro la settimana vi vuole vedere lavorare con i nuovi chiusini [i coperchi in ghisa di pozzetti posti su strada, *ndr*]. Non vuole roba turca, dovete fare vedere che state là, naturalmente dopo ci penso io sul discorso contabile.
– Abbiamo iniziato, non capisco il problema.
– Quando abbiamo fatto le prove con quelli turchi a centoventi chili si sono spaccati e dovevano reggere quattrocento chili. Io su questi mò gli dirò che abbiamo fatto la prova e che è andato tutto bene, però...[43]

---

[41] lastampa.it, 16 dicembre 2015.
[42] ilmessaggero.it, 20 dicembre 2015.
[43] ilmattino.it, 20 dicembre 2015.

Frequente è l'utilizzazione di cemento non regolamentare in cui viene utilizzata una miscela che presenta più sabbia o addirittura più acqua di quanto consentito.

È l'illecito più pericoloso per la pubblica incolumità in quanto la struttura depotenziata, esposta alle intemperie e all'usura del tempo, diventa fragile e spesso crolla. È avvenuto con viadotti, ponti, scuole e dai dialoghi degli imprenditori coinvolti emerge il cinico disinteresse per le conseguenze del proprio operato.

«Ti sto dicendo terra completa, certe volte salgono quando scaricano le betoniere, mi spavento, da paura. Ragazzi, terra completa, il cemento non so neanche quello che è [...] è acqua completa» afferma un imprenditore. E ancora: «Metti meno cemento e più sabbia» raccomandava al telefono un boss della malavita calabrese al socio titolare dell'impresa che aveva vinto la gara per la costruzione di una scuola.[44]

Sconcertante è il dialogo tra padre e figlio, imprenditori, ignari di essere intercettati:

– Le betoniere di quella ditta trasportano lota [melma, *ndr*], niente più che lota.
– Ma quella la roba non è buona quella che porta la [NOME].
– Ma perché tu sei puntiglioso, alla gente cosa gliene frega?
– Quella la gente non capisce niente. Io capisco. Io lo so perché presi i provini e non escono bene.
– E infatti ti capisco perché tu sei carpentiere, perché tu schiatti il provino, ma la gente?
– Ma che capisce la gente? Qualcosa? Uno che fa il dottore e dice: fatemi la casa. Che capisce quello? Il cemento? Se è buono, non è buono, se è acqua?[45]

---

[44] unita.it, 29 luglio 2009.
[45] Legambiente, dossier *Cemento disarmato*, 29 luglio 2009.

È questo il punto centrale. È impossibile verificare la regolarità dell'impasto cementizio se non attraverso una complessa analisi che può essere effettuata solo a campione. Depotenziare il cemento è dunque il modo migliore per realizzare proventi in nero che possono essere utilizzati per nuove corruzioni in un una spirale della cui efficacia si sono rese conto le maggiori organizzazioni criminali che sempre più spesso risultano coinvolte in questo tipo di reato.

In un'altra inchiesta emerge con chiarezza la disinvoltura con cui viene liquidato il crollo di un'opera pubblica mal realizzata anche a causa del basso prezzo di attribuzione della gara. La conversazione che segue fa riflettere pure sui danni che può provocare il sistema del massimo ribasso. Un sistema che premia esclusivamente il prezzo più basso presentato in gara senza tener conto della qualità dell'offerta. Il rischio di far vincere un'impresa incapace di realizzare lavori di qualità dovrebbe essere fugato dall'obbligo delle amministrazioni di valutare le anomalie delle proposte, il loro prezzo così basso al punto da risultare sospetto, ma i sistemi utilizzati sono spesso meccanici e non in grado di valutare l'effettiva qualità di ciò che è presentato dalle imprese.

In questo quadro, il criterio dell'offerta economicamente più vantaggiosa, che prende in esame sia la qualità sia il prezzo dell'offerta, accompagnato da misure idonee a garantire la trasparenza delle decisioni dell'amministrazione e a criteri chiari e predeterminati, risulta più efficace, e premia le imprese che investono in innovazione e sviluppo.

– Ieri a Viterbo, ho parlato cò quello... Quell'hangar, de quello che fa manutenzione dei cari aeroplani, no? Un certo [NOME] e mi ha fatto notare che un bel pezzo della grondaia della copertura dell'hangar aeroclub è caduto.
– Il lavoro che ha fatto [NOME]?

– Sì, è quel giro là.
– Manco un anno che hanno fatto questa cosa...
– Manco un anno, sì, appunto... [in senso ironico, *ndr*] è stata fatta molto bene.
– Con quel poco che je stato dato...
– È proporzionato.
– 'N se scordamo cheeee... Hanno fatto cò tremila e cinque un lavoro de settantamila.

La cattiva qualità dipende talvolta dall'esiguo margine di guadagno concesso al subappaltatore che realizza materialmente l'opera.

Dalla conversazione che segue sembra venir fuori che all'impresa subappaltatrice andrebbe solo il 9 per cento dell'importo globale dell'appalto con un ricavo, per l'impresa vincitrice, di oltre il 90 per cento.

A te dico solo du numeri... novecentomila e sessantaduemila. Preso a novecento venduto a sessantadue... te non puoi fà 'ste cose. A noi ce danno novecentomila e io lo faccio fà a un altro per sessantadue. Lui guadagna il 91 per cento... quindi stanno lavorando al 9 per cento, a parte uno di questi adesso sta arrivando qui che deve parlà... evidentemente non gli tornano i conti. Però questi sò scemi perché sanno... accettano tutti... capito?[46]

Neanche la necessità di far fronte a un disastro ambientale frena il cinico egoismo di chi intende risparmiare sui costi di esecuzione. Così un imprenditore chiamato a riempire uno scavo danneggiato dalla violenza dell'acqua di un'alluvione può ordinare al figlio che si trova in cantiere di buttare den-

---

[46] ilmessaggero.it, 8 aprile 2014.

tro «la merda che avete scavato» e insistere ancora: «Butta dentro merda o rumenta [spazzatura, *ndr*]».[47]

Nell'ipotesi accusatoria il riempimento realizzato con terra di risulta veniva poi coperto da un leggero strato di sabbia con la complicità di funzionari pubblici che fingevano di non accorgersi della violazione del capitolato di gara da parte dell'imprenditore in cambio di buoni benzina o di viaggi.[48]

La questione della cattiva esecuzione degli appalti non riguarda solo i lavori pubblici, ovvero la costruzione delle opere, ma anche quelli di servizi e di forniture. Tutti, proprio tutti gli appalti non risparmiando neppure quelli delle mense dei bambini nelle scuole: «I ghe dà da magnar la sabbia... al posto della carne [Daranno sabbia al posto della carne in mensa, *ndr*]!!!» afferma un dipendente pubblico al termine di una gara che – secondo l'accusa – ha presentato tali illegittimità da spingere una dei commissari, indagata per aver firmato i verbali senza neppure avervi partecipato, a dire: «Con quello riusciamo ad andare in galera? Sì o no?».[49]

Noi speriamo tutti di sì.


*«Era il migliore, l'abbiamo fregato.» La piaga dei concorsi universitari*

Lo stesso sistema che abbiamo visto dominare gli appalti funziona a volte per le selezioni del personale quando il predestinato a vincere, come affermano i giudici nell'ordinanza cautelare, vuole «partecipare al concorso senza studiare».[50]

---

[47] genova.repubblica.it, 27 novembre 2012.
[48] *Ibid.*
[49] veronasera.it, 26 ottobre 2013.
[50] abruzzoweb.it, 1° ottobre 2015.

«'Sta commissione... 'sta commissione... io non voglio pigliare neanche un libro... io vado a casa e secondo te me metto a piglià i libri... pe studià!!!»[51] afferma al telefono uno dei concorrenti e così, nella ricostruzione degli inquirenti, il candidato riesce a influire sull'amministrazione facendo inserire tra le materie d'esame del concorso quelle meglio conosciute e individuate con un docente universitario – scrivono i giudici – «con il quale si consulta in ordine alle materie da inserire nella lista»:

– Glielo vuoi mandà per messaggio [l'appunto contenente le materie, da dare al funzionario dell'amministrazione, *nda*]?
– No, gliela porto a mano... mò ce la porto.
– Materie tue e mie che sappiamo solo io e te o meglio solo tu e che nessuno potrebbe sapere.[52]

Quando qualcosa non funziona perché qualcuno dei concorrenti si rivolge al Tribunale amministrativo facendo valere i suoi diritti, il bando può sempre essere cambiato in corsa sulla base delle nuove esigenze.

Così nello scambio che segue, commentando un ricorso al Tar presentato da uno dei partecipanti, il funzionario – nella valutazione dell'accusa – avverte un'impresa della necessità di modificare il bando già pubblicato, che non avrebbe consentito di far vincere il candidato predestinato, dal momento che non era stato inserito quale titolo di merito l'aver operato nella città in cui questi aveva lo studio professionale.

Bisogna «adottare un altro avviso di gara» commenta il funzionario parlando con l'interessato. «Te l'ho detto, voi

[51] leditoriale.com, 2 ottobre 2015.
[52] ilcentro.gelocal.it, 2 ottobre 2015.

l'avete sottovalutato!» risponde l'interlocutore evidentemente stizzito.[53]

In un altro dialogo:

– Senti, ti devo dire due cose. Quindi, ho fatto pure tutto. Vabbè, quindi... quella cosa che ci siamo detti stamattina.
– Ah, ah, ah, ah.
– Quindi, va bene. Ho messo pure la sede di [CITTÀ], che dici? Uhm.
– Eh, sì.
– Tanto quella va bene, no?
– Eh, sì, sì, sì.
– Quindi, quindi, 80, 15 e 5.[54]

Questi numeri finiranno effettivamente nel nuovo bando, quali nuovi criteri di valutazione dei candidati.

In un'altra occasione a un candidato viene consentito, secondo l'accusa, di conoscere in anticipo le domande che saranno assegnate al concorso. «Leggi e dimentica, io faccio un giro, sono le domande, c'è una per una, diverse» dice un funzionario pubblico rivolgendosi a un candidato che risponde: «Grazie spero di non farti fare una brutta figura».

E poi la medesima persona con un altro candidato: «Io intanto vado a fare un giro». «Ma devo farlo?» risponde forse stupito il candidato. «Eh se lo vuoi fare almeno leggiti qualcosa, quelle cose lì» è l'incredibile risposta.[55]

In un'altra conversazione un dirigente che ambisce a far parte di una commissione di concorso pubblico si rivolge

---

[53] ilcentro gelocal.it 28 aprile 2012.
[54] ilcentro.gelocal.it/pescara, 27 aprile 2012.
[55] ilsecoloxix.it, 20 settembre 2015.

in questi termini a un suo collega: «Quella non fa niente, non capisce niente, e se deve vincere il concorso glielo fanno vincere con reggenti e prove. Chissà quale cazzo di inciucio che faranno. Se me mettono a me [in commissione, *ndr*] devo far vincere pure a questa, sicuramente». «Va bene, ma ci mettiamo pure gente nostra dentro, però» ribatte l'altro. «E che, siamo fessi? Non ho capito...» conclude il primo.[56]

Ma essere troppo bravi, in questo mondo, può destare sospetti, così un militare accusato di aver rivelato a un candidato, prima delle prove di concorso, la sequenza delle risposte esatte a tutti i quiz, dice al suo protetto: «Mi raccomando, sbaglia qualche cosa».[57]

Qualche volta l'illecito sembra avvenire alla luce del sole. Se fosse vera l'incredibile storia raccontata dalla stampa che riprende le dichiarazioni di alcuni candidati a un esame di abilitazione per avvocato, un membro della commissione avrebbe posto ai candidati questa surreale domanda: «C'è qualcuno che sa svolgere la prova di penale? Lei? Bene. Posso fotocopiare il suo compito, così lo passo a un ragazzo che proprio non sa niente».[58]

Altre volte si tratta invece di agire per escludere determinati candidati.

In un concorso per vigili urbani prevale una discriminazione di genere. Nel mirino dei commissari sono le donne:

– Ho preparato quaranta domande, dobbiamo tartassarli bene, altrimenti ci troviamo con le femmine.

[56] ricerca.repubblica.it, 26 febbraio 2014.
[57] «Corriere del Mezzogiorno», 12 luglio 2016.
[58] lastampa.it, 9 luglio 2016.

– Dobbiamo farle fuori sennò ci ritroviamo con tutte le sapientone che hanno studiato.[59]

In un concorso universitario invece l'obiettivo, secondo l'accusa, sembrerebbe quello di bocciare i candidati migliori per fare spazio a quelli predestinati.

Così dialogano due professori universitari all'indomani di un concorso nel quale avevano svolto le funzioni di commissario:

– Era il migliore, l'abbiamo fregato.
– Abbiamo fatto una battaglia terribile. Proprio mafia e contromafia. Fare giudizi in modo da fregarne tutti tranne uno o due non è facile, però sto uscendo fuori con una bella lingua italiana, mi sto divertendo.

L'operazione sarebbe stata difficile dal momento che il candidato bocciato è uno che «ha seicento punti di impact factor [il punteggio che calcola le citazioni ricevute dai candidati per i lavori da loro pubblicati sulle riviste scientifiche, *ndr*], mentre i più bravi degli altri ne hanno centoventi». Il commissario tuttavia commenta: «Non è neanche bello dover fare 'ste cose, insomma!... Almeno a me non è che piaccia tanto! È per tener contento [NOME DI ALTRO PROFESSORE]. Quindi continuo a pagare».[60]

---

[59] ilgazzettino.it, 23 settembre 2015.
[60] repubblica.it, 17 settembre 2005.

# Quanti strumenti contro la corruzione e il malaffare

*Trasparenza e controllo dell'amministrazione pubblica*

Niente di ciò che è pubblico può essere sottratto alla conoscenza dei cittadini.

Ma il semplice diritto all'informazione non basta se non è accompagnato dal diritto di comprendere effettivamente, di confrontare e di valutare.

Le organizzazioni internazionali chiedono un coinvolgimento della società civile nella lotta alla corruzione, attraverso la realizzazione di un controllo sociale diffuso della vita politica e dell'attività amministrativa.[1]

Pretendono cioè che la gente controlli i propri governanti per essere messa al corrente di come sono assunte le decisioni fondamentali della comunità e per partecipare al modo in cui vengono amministrati i denari delle tasse.

Lo strumento che viene offerto per consentire questo controllo è la completa trasparenza della pubblica amministrazione.

---

[1]  Si veda il Parere del Comitato economico e sociale europeo sul tema «Lotta alla corruzione nell'Ue: rispondere alle preoccupazioni delle imprese e della società civile»,eur-lex.europa.eu/legal-content/IT/TXT/?uri=CELEX%3A52014IE6520.

Esistono diversi livelli di trasparenza.

Un primo livello è quello della pubblicità dei dati e dei documenti dell'amministrazione. Coincide, in linea di massima, con il diritto di accesso la cui ampiezza è variabile.

Il primo stadio è il semplice diritto ad avere copia dei documenti da parte di chi è interessato a un certo procedimento amministrativo. In questo caso il rilascio della copia è di solito giustificato dall'esigenza di difendere i propri diritti nel procedimento amministrativo o in un processo davanti a un giudice.

Il secondo livello è la possibilità di ottenere ogni documento dalla pubblica amministrazione senza dover spiegarne le ragioni. È l'accesso civico in virtù del quale ognuno può ottenere copia di documenti per controllare l'operato dell'amministrazione e verificarne la legittimità o l'efficienza.

Su un gradino ancora più elevato, troviamo l'accessibilità, sul sito delle amministrazioni, a ogni dato o documento utile. In questo caso la trasparenza è massima giacché si agevola la possibilità di controllo da parte dei cittadini.

Nell'ordinamento italiano il diritto di accesso è garantito dalla legge sul procedimento amministrativo sin dal 1990, limitato però ai soli documenti cartacei, di cui si può richiedere copia. Non sono invece disponibili dati e informazioni relativi a procedimenti amministrativi da parte dei cittadini che sono direttamente coinvolti da un provvedimento amministrativo.

La prospettiva è chiaramente dominata dalla difesa individuale dei diritti: è la prospettiva del singolo, non quella della comunità. Si chiede un documento perché può essere utile per la propria difesa davanti a un giudice, tanto che chi lo richiede è tenuto, stando alla legge n. 241 del 1990 a dimostrarne «l'interesse giuridicamente rilevante».

Deve spiegare a cosa serve il documento e l'amministrazione gliene concederà la copia solo se lo riconosce utile alla difesa dei suoi interessi.

Una maggiore trasparenza è garantita invece dal diritto di ottenere copia di qualunque documento della pubblica amministrazione che non sia coperto da un particolare vincolo di segretezza. È il cosiddetto Foia, Freedom of Information Act, la legge che garantisce ai cittadini degli Stati Uniti un accesso pieno e pressoché incondizionato ai documenti delle amministrazioni pubbliche. Una sorta di Foia è stata introdotta in Italia nel 2016 dai decreti Madia. In questa forma di trasparenza i documenti delle amministrazioni sono accessibili a tutti, che possono quindi ottenerne copia senza che sia necessario spiegare il motivo della richiesta o dimostrare, come nel caso precedente, l'interesse che si vuole tutelare mediante il diritto di accesso.

L'amministrazione non può sindacare la richiesta né opporsi al rilascio della copia se non nei casi in cui sia necessario tutelare un segreto relativo, di solito, a indagini giudiziarie in corso, ragioni militari o di sicurezza dello Stato.

In questo modo si rende finalmente possibile il controllo diretto dei cittadini sull'amministrazione.

È una forma di trasparenza importante, la cui efficacia però può essere indebolita dal linguaggio della burocrazia, incomprensibile ai più, e dall'inadeguata motivazione dei provvedimenti.

La terminologia tecnica utilizzata dai burocrati si serve di uno slang comprensibile solo agli addetti ai lavori e in grado di provocare spaesamento in chiunque cerchi di capire la motivazione di un provvedimento amministrativo.

La parte iniziale del provvedimento inoltre riporta una serie di «vista la legge x» che si ripetono in una litania apparentemente inutile e meramente rituale ma in realtà capace di nascondere, tramite il riferimento a una precisa norma di legge citata per numero ma non esplicitata nel suo contenuto, la vera ragione per cui il provvedimento è preso o se il suo contenuto favorisca qualcuno o danneggi qualcun altro.

## Un controllo diretto dei cittadini. L'esempio americano

La possibilità di ottenere copia di documenti è un livello minimo di trasparenza, appena raggiunto in Italia dopo mille difficoltà, ma per nulla sufficiente ad assicurare un grado di conoscenza della pubblica amministrazione adeguato a operare un controllo sociale diffuso sulla sua attività.

Poter avere una copia del bilancio di una grande società partecipata dello Stato o del provvedimento con cui si bandisce la gara per la costruzione di una strada o si decide dove localizzare una discarica pubblica può essere utile per gli addetti ai lavori, per le inchieste giornalistiche o per le associazioni civiche ma non è lo strumento attraverso il quale il cittadino può controllare direttamente i propri governanti e i propri amministratori, valutando il modo in cui viene utilizzato il denaro pubblico.

Questo livello di controllo, basato sull'accesso, presuppone che il cittadino conosca l'esistenza del documento, che si scomodi a chiederne copia all'amministrazione e che poi sia in grado di comprenderne il contenuto.

Sono necessarie facilità di accesso e di comprensione.

Per questo non basta che i dati siano pubblici ma è fondamentale che siano pubblicati, comprensibili e confrontabili.

È questa la vera sfida della trasparenza come strumento di controllo sociale diffuso e di coinvolgimento della comunità nel controllo delle scelte politiche e amministrative.

Tutti i dati, le informazioni, i documenti delle amministrazioni devono essere pubblicati al fine di consentirne un accesso libero, immediato, disintermediato.

L'amministrazione come «casa di vetro» attraverso cui ogni cittadino può guardare, immagine cara a Filippo Turati, è tale solo se il cittadino, per affacciarsi, non ha bisogno di chiedere ad alcuno il permesso di aprire le tende.

La casa di vetro oggi non è più un utopico obiettivo da raggiungere nel tempo, ma una scelta politica immediatamente realizzabile attraverso un facile utilizzo della variabile tecnologica. Il web e il sistema degli open data aprono straordinarie possibilità di conoscenza, consultazione e confronto tra dati e notizie.

È il sistema dell'open government secondo cui lo Stato e tutti i soggetti pubblici devono pubblicare online tutte le informazioni a essi relative utilizzando un formato aperto. Significativi, in questo senso, sono sia il Memorandum for the Heads of Executive Departments and Agencies on Transparency and Open Government (2009) del presidente degli Stati Uniti d'America Barack Obama,[2] sia l'Open Government Directive dell'8 dicembre 2009 incentrata sui principi di trasparenza, partecipazione e collaborazione, nella quale si stabilisce che, «fin dove possibile e sottostando alle sole restrizioni valide, le agenzie devono pubblicare le informazioni online utilizzando un formato aperto che

---

[2] «La mia amministrazione si impegna a dare vita a un grado di apertura nel governo senza precedenti. Lavoreremo assieme per assicurare la fiducia pubblica e per stabilire un sistema basato sulla trasparenza, sulla partecipazione pubblica e sulla collaborazione. L'apertura rafforzerà la nostra democrazia e promuoverà l'efficienza e l'efficacia dell'amministrazione.»

possa cioè essere recuperato, scaricato, indicizzato e ricercato attraverso le applicazioni di ricerca web più comunemente utilizzate. Per formato open si intende un formato indipendente rispetto alla piattaforma, leggibile dall'elaboratore e reso disponibile al pubblico senza che sia impedito il riuso dell'informazione veicolata».

È stato dato seguito a tale normativa sul sito internet Data.gov, nato nel maggio del 2009, che contiene in un portale unico tutte le informazioni pubblicate dagli enti statunitensi in formato aperto, al fine di renderle disponibili ai cittadini e alle imprese, incrementando la trasparenza e il coinvolgimento di tutti gli stakeholder alla vita pubblica.

I siti delle singole amministrazioni statunitensi contengono poi dati e informazioni e forniscono applicazioni, spesso sviluppate dagli stessi cittadini, che consentono la loro rielaborazione.

È proprio questo l'aspetto fondamentale dell'open government. Attraverso app intuitive e di facile utilizzo i cittadini possono elaborare le informazioni e confrontare i dati delle diverse amministrazioni. È facile sapere quanto costa lo stesso bene in diverse zone del territorio o quanto spendono in determinati beni le diverse amministrazioni. Ogni elaborazione è possibile, con l'unico limite della fantasia.

In questo modo si realizza un modello orizzontale di partecipazione che consente un controllo non intermediato della cosa pubblica. Un controllo diretto, globale e semplice da realizzare.

Alla base di questa costruzione stanno gli open data. I set di dati aperti e resi disponibili dalle amministrazioni in favore dei cittadini.

Nel 2015 l'Italia si è classificata al diciassettesimo posto al mondo nel Global Open Data Index, la classifica mondiale della trasparenza dei dati e ha guadagnato otto posizioni rispetto all'anno precedente quando si era classificata solo al venticinquesimo posto.[3] I risultati riguardo alla pubblicazione dei dati relativi agli appalti pubblici e alla legislazione sono stati estremamente positivi, non altrettanto può dirsi di quelli relativi alla spesa pubblica.

## *Troppi dati possono confondere?*

Sempre più spesso nei dibattiti emerge l'idea che la pubblicazione di troppi dati possa rivelarsi dannosa, confondendo il cittadino che rischierebbe di perdersi nel disordine e nella mole di informazioni. Questa idea è persino approdata nel parere che il Consiglio di Stato ha reso sul decreto trasparenza che, come abbiamo visto, ha introdotto in via generale anche in Italia il diritto di accedere ai documenti delle amministrazioni senza dovere spiegarne le ragioni. Pur lodando l'apertura dell'amministrazione agli amministrati, e auspicando perfino un aumento dei livelli di trasparenza, ha paventato il rischio di un'«opacità per confusione».[4]

---

[3]   index.okfn.org/place/italy/.

[4]   Sottolinea il Consiglio di Stato nel Parere 515/106 «la necessità di coniugare trasparenza e semplicità. A volte, in passato, l'esigenza di trasparenza è stata collegata a oneri – regolatori, amministrativi, economici – "non necessari" al perseguimento dello scopo. Ciò ha indebolito, di fatto, il perseguimento dello scopo medesimo, creando piuttosto una sorta di "burocrazia della trasparenza" che andava a sovrapporsi alla burocrazia già esistente, con risultati poco rilevanti per la tutela di questo valore fondamentale, ma con importanti effetti collaterali negativi, dall'incremento di oneri all'incentivazione degli stessi fenomeni corruttivi che si intendeva contrastare. Inoltre – è stato di recente osservato – la stessa copiosità (e talvolta occasionalità) degli interventi ha a volte rischiato di compromettere

In quest'ottica troppi dati rischierebbero insomma di rendere torbido e poco leggibile il patrimonio informativo messo a disposizione dei cittadini.

Questa preoccupazione riflette però un'idea della trasparenza un po' «vintage», dominata da una prospettiva paternalistica in cui è l'amministrazione a decidere cosa far vedere della sua attività al cittadino.

L'evoluzione tecnologica oggi consente una facile trattazione dei dati attraverso applicazioni semplici in grado di disperdere la nebbia burocratica, elaborando grandi quantità di informazioni e fornendo risultati pienamente leggibili e utilizzabili a fini di controllo ma anche di miglioramento dell'efficienza dell'azione amministrativa.

Senza dimenticare che i destinatari della trasparenza globale non sono solo i cittadini intesi come singoli, giacché i frutti migliori della possibilità di rielaborare un set completo di dati possono essere colti dalle associazioni di categoria o dal giornalismo d'inchiesta che dispone di mezzi anche sofisticati per la ricostruzione dei fenomeni attraverso l'analisi dei dati.

La trasparenza insomma non può che essere globale, riferita a tutta l'attività dell'amministrazione, perché qualunque limitazione – giustificata dall'idea di non generare troppa confusione – finirebbe con il creare coni d'ombra in cui facilmente può nascondersi l'attività illecita.

La trasparenza globale si riflette peraltro in una piena conoscenza dell'attività amministrativa da parte degli amministrati che possono, in questo modo, contribuire a

---

un approccio sistemico e, con esso, una più meditata comprensione del fenomeno della trasparenza, con il paradosso che l'eccesso incontrollato di informazioni può provocare quella "opacità per confusione" che della trasparenza costituisce l'esatto contrario».

migliorarne l'efficienza – indicando incongruenze o modifiche che renderebbero i servizi più fruibili –, realizzando quella democrazia partecipata che le tecnologie informatiche e il web non rendono più un obiettivo utopistico.

La trasparenza si fa forma di controllo ma anche e soprattutto strumento di efficienza amministrativa.

## Il pericolo di una burocrazia della trasparenza

Il rischio della creazione di una burocrazia della trasparenza però è concreto e va tenuto presente nella regolamentazione dell'attività amministrativa.

Il raggiungimento del punto di equilibrio in cui la trasparenza porta efficienza non è però un problema solo italiano.

Qualche mese fa, in un editoriale, «The Economist» ha messo in luce come molte economie, seguendo la linea degli Stati Uniti, avessero rinforzato la normativa anticorruzione andando al di là di quanto ragionevole e ha sottolineato la necessità di fermare la «discesa in questa follia investigativa» e di non alimentare «l'industria della compliance di avvocati e consulenti».[5]

L'articolo coglieva bene il rischio di trasparenza di facciata, fatta di norme che impongono alle imprese o alle amministrazioni di predisporre piani e documenti magari non attagliati alle caratteristiche dell'ente, ma realizzati da consulenti esterni.

In questo modo si finisce per alimentare un mercato delle consulenze che favorisce determinati studi legali e specifiche società di consulenze, senza ottenere risultati utili in termini di trasparenza.

---

[5]  «The Economist», 9 maggio 2015.

Troppo spesso si sono visti piani anticorruzione o piani per la trasparenza «fotocopia», uguali perché venduti dallo stesso soggetto a più enti. Oppure si è assistito a richieste a imprese da parte della pubblica amministrazione di dati e notizie assolutamente irrilevanti per lo svolgimento delle attività istituzionali.

Le società sono tenute a trasmettere gli stessi dati a una miriade di enti diversi. E i medesimi controlli sono svolti da autorità differenti. In questo modo si aumenta il carico burocratico per imprese e cittadini e si moltiplicano le occasioni di corruzione per i funzionari pubblici.

Questa sì che è burocrazia della trasparenza.

Piuttosto che chiedere alle imprese e ai cittadini sforzi inutili e costosi sarebbe molto più efficace dare a tutti la possibilità di conoscere senza alcun limite l'attività dell'amministrazione, realizzando quel «regime del potere visibile»[6] cui ogni democrazia dovrebbe naturalmente aspirare. Al di là dei dati sensibili, che meritano una tutela speciale a protezione dei più deboli, quando si spende il denaro pubblico e si rappresenta la collettività non può esistere riservatezza da tutelare.

## Come funziona il sistema della trasparenza nella materia degli appalti

Il nuovo codice dei contratti pubblici, approvato nella primavera del 2016, ha profondamente cambiato il modo di essere degli appalti. Le norme comunitarie che attraverso questo codice vengono recepite, infatti, hanno l'obiettivo,

---

[6]   N. Bobbio, *La democrazia e il potere invisibile*, ne *Il futuro della democrazia*, Einaudi, Torino 1984, p. 76.

espressamente dichiarato dalla direttiva 24/2014 di inserire i contratti pubblici nella strategia Europa 2020 che mira a una crescita intelligente, sostenibile e inclusiva che garantisca l'uso più efficiente possibile dei finanziamenti pubblici.

L'attuale codice impone la nascita di una nuova «politica degli appalti» in cui la parola chiave è «flessibilità». Una flessibilità che viene declinata in una serie di nuovi strumenti contrattuali che cambiano il rapporto tra mercato e pubblica amministrazione, alla quale viene imposto di entrare in rapporto con le imprese, di conoscere il mercato, di fare quello che ciascuno di noi fa quando vuole comprare qualcosa: «farsi un giro dei negozi». Consente inoltre alle amministrazioni di costruire i bandi di gara insieme alle imprese e precisa che l'aver prestato consulenza in favore di una pubblica amministrazione non può essere di per sé causa di esclusione.

È una rivoluzione: fino a questo momento qualunque rapporto tra amministrazione e impresa era visto come l'anticamera del crimine e portava direttamente all'annullamento della gara, quando non addirittura all'arresto di funzionari e imprenditori.

Oggi si chiede all'amministrazione, come già avviene nella maggior parte dei paesi europei, di conoscere profondamente il mercato in modo da rendere efficienti i propri acquisti, aumentando la discrezionalità delle sue scelte.

La svolta imposta dall'Unione europea è irrinunciabile, e può essere fonte di grandi opportunità ma anche di grandi rischi. La trasparenza è l'unico strumento in grado di far sì che questo rapporto tra mercato e amministrazione possa essere volano di sviluppo e competitività per il nostro paese e non piuttosto terreno di coltura di nuovi e più complessi fenomeni di corruzione. Attraverso la completa disponibilità dei dati relativi agli appalti (bandi, offerte presentate, calcoli che hanno portato alla determinazione del vincitore, pagamenti effettuati) sarà possibile ricostruire l'intera attività amministrativa, verificare, ad esempio, se una stessa impresa vince costantemente le gare di una certa amministrazione o in un certo territorio o individuare patti collusivi tra imprese che operano in un determinato settore.

Il controllo sociale diffuso può trasformare ogni cittadino in una potenziale sentinella della legalità con l'effetto di spingere a comportamenti virtuosi anche gli amministratori inclini al malaffare, non foss'altro che per la paura di essere scoperti.

Fondamentale però è che a questa trasparenza globale si affianchi la tracciabilità dei rapporti che intercorrono tra imprenditori, esponenti di associazioni di categorie e amministratori pubblici per i quali oggi non sussiste alcun obbligo di pubblicità.

*La tracciabilità dei rapporti tra amministrazione e imprese. Il problema delle lobby e della loro disciplina*

In questo mercato degli appalti e in questo sistema economico che vede l'amministrazione tra i principali protagonisti, è essenziale una regolamentazione del lobbismo che consenta di conoscere tutti i soggetti in grado di influenzare politica e amministrazione, tutti i portatori di interesse con cui vengono in contatto politici e amministratori.

Il termine lobby viene frequentemente associato, nel dibattito mediatico, alla corruzione o all'indebita pressione sulla politica e sull'amministrazione di interessi privati poco limpidi e più o meno occulti.

Nell'immaginario collettivo lobbista e faccendiere si sovrappongono nella medesima immagine, distorcendo la percezione di un fenomeno che può avere invece grande rilevanza in un'ottica di trasparenza della funzione politica e amministrativa. Il vero lobbista è un tecnico che conosce profondamente una materia e propone ai *decision maker*, cioè ai soggetti che assumono le decisioni ai vari livelli di governo, la sua visione del problema e le migliori soluzioni normative e amministrative per risolverlo.

È celebre la definizione di J.F. Kennedy: «I lobbisti sono quelle persone che per farmi comprendere un problema impiegano dieci minuti e mi lasciano sulla scrivania cinque fogli di carta. Per lo stesso problema i miei collaboratori impiegano tre giorni e decine di pagine».

In Italia il fenomeno del lobbismo non è adeguatamente regolamentato, con la conseguenza che i rapporti tra politici e amministratori da una parte, e portatori di interesse e imprenditori dall'altra, non sono sottoposti ad alcun controllo né ad alcuna forma di trasparenza.

I rapporti tra la politica e l'impresa ovviamente esistono e sono fitti, ma sono affidati alle relazioni personali. Gli imprenditori più grandi e le associazioni di categoria più importanti non hanno alcun problema a varcare le soglie dei palazzi del potere, gli altri si affidano agli amici per raggiungere politici, amministratori e funzionari pubblici.

Si è già visto come una delle preoccupazioni più importanti per alcuni imprenditori, a ogni cambio di governo, sia quella di «agganciare» i nuovi referenti politici.

Dunque una regolamentazione delle lobby, e più in generale dei rapporti tra politica, amministrazione e impresa, sarebbe auspicabile e centrerebbe un duplice risultato.

Innanzitutto renderebbe tracciabili le relazioni, consentendo di ricostruire in che modo gli interessi privati abbiano influito sulla decisione pubblica. Che interessi privati e pubblici si intersechino non può scandalizzare. L'idea, tipica dello

Stato liberale, che vedeva la pubblica amministrazione unica custode e monopolista nell'individuazione e nella gestione dell'interesse generale ha da tempo ceduto il passo a una tendenziale pariordinazione degli interessi in gioco, in un'ottica di riequilibrio delle istanze pubbliche con quelle private.

A questo dato si è aggiunta una proliferazione dei soggetti pubblici nello scenario politico, soprattutto dopo che il nuovo Titolo V della Costituzione ha messo al centro della scena Regioni ed enti locali, con una frammentazione del potere che ha portato alla nascita di conflitti perfino all'interno della stessa pubblica amministrazione.

In questo quadro è essenziale ricostruire in che modo si è formata la scelta che si traduce in una legge o in un atto amministrativo, sia per verificare la regolarità sia, in un'ottica di accountability, per permettere una valutazione del comportamento degli eletti da parte dei cittadini.

Se l'amministrazione sceglie di consentire l'insediamento di uno stabilimento produttivo piuttosto che di un altro, è essenziale per i cittadini sapere come è pervenuta a questa scelta, quali portatori di interesse abbiano incontrato gli amministratori, le ragioni che questi hanno addotto in favore della decisione.

C'è un altro motivo che spinge verso la completa trasparenza dei rapporti con i diversi portatori di interesse. In assenza di una regolamentazione, è inevitabile che i gruppi di pressione più forti abbiano una capacità di accesso ai luoghi «fisici» del potere molto più significativa di chi ha minore potenza economica. Per una grande società pubblica o un'importante industria non sarà difficile avere un appuntamento con un ministro o con un sindaco, non altrettanto per una piccola startup.

Questo pone problemi di ricambio sociale nell'assetto economico e di tutela dello sviluppo di tutte le forze della nostra economia. Se si vuole consentire un «ascensore sociale» dell'impresa sarà necessario assicurare parità nell'accesso ai luoghi di potere prevedendo il diritto di tutti i portatori di interesse di rappresentare il proprio punto di vista.

È quanto già le autorità amministrative indipendenti fanno attraverso la consultazione pubblica. Gli atti di regolazione dell'Anac così come quelli dell'Antitrust o dell'Autorità per l'energia sono emanati solo dopo aver acquisito il parere dei destinatari della normativa in modo che la regolamentazione nasca, per quanto possibile, da un processo di condivisione con coloro che operano quotidianamente nei mercati conoscendone strutture ed esigenze.

Una regolamentazione delle lobby consentirebbe peraltro di ispirare l'azione dei lobbisti a valori condivisi e di fissare un codice di condotta a cui gli stakeholder dovrebbero ispirarsi. La Commissione europea ha individuato un codice di condotta che fissa regole semplici ma efficaci.[7] Norme che disciplinano il comportamento che i rappresentanti di interessi devono assumere:

1. Indicare il proprio nome e il soggetto datore di lavoro o ente rappresentato;
2. fornire informazioni corrette in fase di registrazione al fine di non indurre in errore i terzi o il personale dell'Ue;
3. dichiarare chiaramente gli interessi e i clienti che rappresentano;
4. garantire che le informazioni fornite siano obiettive, complete, aggiornate e non fuorvianti;
5. non cercare di ottenere informazioni o decisioni in maniera non trasparente;

---

[7]   Si veda: ec.europa.eu/transparencyregister/public/staticPage/displayStaticPage.do?locale=it&reference=CODE_OF_CONDUCT.

6. non indurre funzionari pubblici a contravvenire alle disposizioni e alle norme di comportamento;

7. rispettare la normativa in materia di riservatezza.

## *Quanto è difficile regolamentare le lobby*

C'è una strana maledizione su questo provvedimento.

Sono numerosissimi i tentativi di introdurlo ma mai
nessuno è riuscito ad arrivare in porto.

Dal 1954 a oggi sono state presentate più di cinquanta
proposte di legge ma solo poche sono state effettivamente
discusse nelle commissioni parlamentari. Nel governo Prodi
e in quello Letta sono approdati in Consiglio dei ministri
due disegni di legge, senza riuscire a uscirne approvati. Nel
secondo caso addirittura un ministro ha affermato, secondo
quanto riportato dalla stampa, che si sarebbe introdotta, in
questo modo, «una legge sovietica».

Il paradosso è che la regolamentazione è voluta fondamentalmente dagli operatori professionali, i lobbisti veri,
che sono esausti di essere confusi con faccendieri e «facili-
tatori» di cui abbiamo già parlato in questo libro. La politica invece sembra refrattaria. Il disegno di legge Santaga-
ta, proposto durante il secondo governo Prodi, viene
riprodotto in quasi tutte le proposte di legge attualmente
in discussione perché condiviso dagli operatori e approvato, all'apparenza anche dalla politica, in tutti i convegni
dedicati al tema. È completo, risponde agli standard internazionali e alle raccomandazioni delle organizzazioni non
governative che si sono occupate dell'argomento[8] ed è un

---

[8]   Il report di Transparency International *Lobbying e democrazia. La
rappresentanza degli interessi in Italia* raccomanda:

ottimo punto di equilibrio tra le esigenze di trasparenza e di snellezza.

L'elaborazione scientifica è quindi soddisfacente: basterebbe solo approvarlo.

---

1) L'istituzione, da parte del Governo, di un registro pubblico dei lobbisti, garantito da un'autorità super partes, come ad esempio l'Autorità nazionale anticorruzione, la presidenza del Consiglio o la Scuola nazionale dell'amministrazione. Il registro deve essere obbligatorio e contenere dei requisiti di trasparenza e rendicontazione.

2) L'apertura al pubblico del processo legislativo, soprattutto nelle primissime fasi dell'iter normativo e nella fase cruciale in cui le proposte di legge passano nelle commissioni parlamentari: due fasi salienti che pero non sono pubbliche.

3) L'obbligo per i parlamentari di rendere pubblici i dettagli degli incontri con lobbisti e gruppi di interesse, oltre a un maggiore controllo e alla trasparenza degli accessi al parlamento e ai ministeri, che devono essere registrati e resi pubblici.

4) L'introduzione di un Freedom of Information Act, che garantisca libero accesso a ogni informazione e ai documenti prodotti e detenuti dalla pubblica amministrazione, comprese ovviamente le informazioni inerenti le attività di lobbying.

5) La regolamentazione del cosiddetto fenomeno delle «porte girevoli» (*revolving doors*) che includa anche l'attività di lobbying, e in particolare l'introduzione di «periodi di attesa» (*cooling-off periods*) per i membri del parlamento, del governo e gli alti funzionari pubblici, durante i quali non potrà essere loro consentito di effettuare attività di lobbying nei confronti dell'istituzione in cui hanno svolto le proprie funzioni precedentemente.

6) L'elaborazione e l'adozione a livello nazionale da parte delle associazioni dei lobbisti di un sistema di linee guida per tutta la categoria.

7) La promozione, anche attraverso una maggiore tutela, del giornalismo investigativo, che può contribuire a far conoscere e comprendere il fenomeno in modo più obiettivo.

## Il ruolo dei cittadini nella lotta alla corruzione.
## Cos'è il whistleblowing

Il whistleblowing è l'istituto di origine anglosassone che individua un regime di protezione offerto dalla legge a chi denuncia un fatto di corruzione o, più in generale di malaffare, consentendo il recuperare la tangente e di assicurare i colpevoli alla giustizia.

Il nome ha un effetto evocativo: può tradursi con «soffiare nel fischietto» e indicherebbe, a seconda delle diverse interpretazioni, il gesto dell'arbitro che punisce un fallo, quello del poliziotto che si accorge di un illecito o ancora il suono del corno che dà inizio alla caccia alla volpe.

I vari Stati assicurano un livello di protezione di diversa intensità al soggetto che segnala l'illecito, che va dalla garanzia dell'anonimato alla tutela contro le ritorsioni sul posto di lavoro, fino addirittura a una ricompensa in denaro calcolata in percentuale sull'importo recuperato.

Negli Stati Uniti il sistema di incentivi e tutela del whistleblower si sta rivelando molto efficiente con riguardo sia al numero di denunce sia alle statistiche sul denaro recuperato dallo Stato federale. Stando ai dati, grazie a tale meccanismo dal 1986 il governo americano ha recuperato circa sessanta miliardi di dollari e l'85 per cento di tutto il denaro recuperato da fatti di corruzione deriva da processi avviati su segnalazione dei whistleblower. Le imprese coinvolte in episodi di corruzione sono tenute a pagare inoltre una somma di denaro pari a tre volte i profitti illeciti ottenuti.[9]

---

[9]    La fonte dei dati è un articolo del 4 maggio 2015 di John Phillips, ambasciatore degli Stati Uniti in Italia, reperibile al link: whistleblowing.it/john%20phillips.pdf.

È una legislazione molto antica. I primi atti normativi relativi del whistleblowing risalgono addirittura al 1863 quando venne approvato il False Claims Act, legge che autorizzava tutti i cittadini, ma soprattutto i dipendenti del governo federale, a esercitare una sorta di azione popolare in caso di attività fraudolenta a danno del governo.

Modificata più volte nel tempo, la legge americana, oltre a responsabilizzare il soffiatore di fischietto come promotore dell'azione giudiziale, lo protegge da licenziamenti ingiusti, molestie e declassamento professionale e lo incoraggia a denunciare tramite la corresponsione di una percentuale sul denaro recuperato.

È questo un tratto fondamentale della legislazione statunitense. Il whistleblower ottiene una somma che giunge fino al 30 per cento dell'importo recuperato dalle autorità a seguito della sua segnalazione, ed è fiorita una vera e propria economia della segnalazione del fatto illecito: studi legali specializzati nell'assistenza ai whistleblower e flussi di denaro ingenti con «taglie» che hanno talvolta sfiorato i venti milioni di dollari.

Nella legislazione successiva è stata poi ampliata la tutela del soggetto che denuncia l'illecito al superiore gerarchico, alla pubblica amministrazione o a un'autorità garante: con il Whistleblower Protection Act, del 1989, è stato vietato di rivelare l'identità del whistleblower ed è stato sancito il suo diritto di conoscere tempi e risultati degli eventuali procedimenti avviati dopo la segnalazione. Il lavoratore gode di totale anonimato e può segnalare l'illecito in modo semplice e intuitivo: per via informatica, posta o fax.

Inoltre, la legge protegge da provvedimenti disciplinari o sanzionatori eventualmente adottati nei confronti del dipendente denunciante a seguito della segnalazione: ad esempio la risoluzione del rapporto di lavoro in ragione della denuncia configura un'ipotesi di *wrongful discharge* con conseguente obbligo di reintegro del lavoratore. Addirittura si prevedono sanzioni penali nei confronti del datore di lavoro che ponga in essere comportamenti ritorsivi nei confronti del whistleblower.

Dal 2002 le tutele per il whistleblower pubblico dipendente sono state estese al settore privato e sono state previste misure interne di controllo dedicate alla denuncia di illecito e procedure per garantire l'anonimato della segnalazione (Sarbanes-Oxley Act o Sox).

Anche nel Regno Unito il sistema di whistleblowing funziona bene, tant'è che Transparency International nel report *Whistleblowing in Europe. Legal Protections for Whistleblowers in Eu* lo classifica come «Advanced», insieme a quello di altri soli tre Stati (Lussemburgo, Romania e Slovenia).

La normativa, tuttavia, è profondamente diversa rispetto a quella statunitense.

La legge di riferimento è il Public Interest Disclosure Act (Pida) del 1998. Fondamemtale in quell'ordinamento è la qualità della segnalazione.

Solo le *qualifying disclosures* attribuiscono al segnalante una piena protezione. Sono qualificate tali le segnalazioni che denunciano i *relevant failures*, ad esempio le violazioni di leggi penali o obblighi legali e i comportamenti volti a intralciare il corso della giustizia, a ledere la salute e la sicurezza di terzi o ancora a mettere a rischio la tutela dell'ambiente.

Oltre che agli impiegati pubblici e privati, la protezione si applica a collaboratori, appaltatori, stagisti, ufficiali di polizia, lavoratori domestici e ogni professionista del Sistema sanitario nazionale.

Differentemente dagli Stati Uniti la segnalazione non deve essere fatta per un guadagno personale, ma per perseguire l'interesse pubblico e deve risultare credibile e ragionevole.

Anche nel Regno Unito sono previste diverse forme di tutela sul posto di lavoro tra cui la nullità di clausole che, inserite nel contratto di lavoro, precludano la possibilità di effettuare segnalazioni, e l'illegittimità del licenziamento.

Il programma di protezione si estende anche a chi segnala in forma anonima.

*In Italia il whistleblower è sufficientemente tutelato?*

La legge italiana dà una buona tutela al segnalante prevedendo che non possa essere sanzionato, licenziato o sottoposto a misure discriminatorie, dirette o indirette, che incidano sulle condizioni di lavoro.

Non è prevista tuttavia alcuna forma di ricompensa per il whistleblower e non è garantito il completo anonimato giacché il suo nome – che pure viene tenuto segreto per tutta la fase delle indagini – può essere rivelato quando indispensabile nell'ambito del procedimento disciplinare istruito per i fatti segnalati e, più in generale, nell'ambito del procedimento penale che consegue alle dichiarazioni.

La scelta di rinunciare al pagamento di una somma di denaro, che verrebbe a configurarsi come una vera e propria taglia, sottrae all'istituto una forte spinta di incentivazione ma può giustificarsi, forse, con la necessità di non creare un mercato della delazione. Il whistleblower non animato dal senso civico ma dal desiderio di guadagno potrebbe infatti ricattare il soggetto che intende incolpare, offrendogli il silenzio in cambio di una somma di denaro più elevata di quella che potrebbe assicurargli lo Stato. Del resto la taglia non è prevista in alcun paese europeo. Interessante però è il sistema esistente nel Regno Unito e in Slovenia, e ricavabile implicitamente anche dalla legislazione di altri Stati, che accorda al segnalante esposto a misure di ritorsione il diritto di chiedere il risarcimento di tutti i danni subiti.

Quello che non risulta accettabile è la limitazione dell'anonimato che, pur essendo solo eventuale, scoraggerebbe chiunque a causa delle possibili ritorsioni alle quali non tutti possono sentirsi pronti.

La mancanza di una ricompensa e il rischio di vedersi individuati come delatori spiegano il sostanziale insuccesso dell'istituto che al momento stenta a decollare.

Il regime di protezione è concesso peraltro soltanto al dipendente che viene a conoscenza dell'illecito in ragione dell'attività prestata: non si comprende perché un'analoga protezione, in termini di anonimato e di garanzie, non debba estendersi a qualunque cittadino che intenda segnalare un illecito di cui sia stato testimone, o addirittura vittima, ma non abbia la forza o il coraggio di esporsi personalmente.

Sarebbe stupendo un mondo in cui il senso civico e la fiducia nello Stato siano tanto sviluppati da non rendere necessaria alcuna forma di incentivo alla legalità e al controllo sociale ma il clima di normalizzazione di cui si è discusso in questo libro, e che spinge a ritenere la corruzione un fatto naturale, dovrebbe indurre la legge a garantire maggiore protezione nei confronti di chi fa emergere il malaffare.

In un paese che è costretto a adottare il termine inglese whistleblower perché qualunque tentativo di traduzione – delatore, gola profonda, informatore – presenta accezioni negative, atteggiamenti eticizzanti dovrebbero essere sostituiti da atteggiamenti pragmatici.

Allo stesso modo andrebbe applicato un rigore estremo nei confronti di chi si presti alla delazione dichiarando il falso. La calunnia, in tal caso, dovrebbe portare a conseguenze sanzionatorie certe e temibili che dovrebbero costituire il contraltare della protezione completa assicurata al segnalante in buona fede.

Gli agenti infiltrati possono essere efficaci? Bisogna anzitutto distinguere infiltrato e agente provocatore.

L'agente infiltrato svolge operazioni undercover nelle quali egli partecipa ad attività criminali o preparatorie di delitti al solo scopo di assicurare alla giustizia i responsabili di reati, individuandoli, raccogliendo le prove o addirittura cogliendoli in flagranza. Egli non svolge alcuna attività illecita limitandosi a osservare senza mai assumere alcun ruolo attivo nell'illecito.

L'agente provocatore, invece, infiltratosi nel circuito criminale con le medesime finalità investigative, non si limita a una posizione di neutralità ma partecipa all'ideazione e all'esecuzione dei reati, quando non induce alla loro commissione. In questo modo svolge un ruolo attivo nell'organizzazione criminale al fine di conquistare la fiducia dei responsabili e svolgere un'attività investigativa più profonda.

Entrambi i sistemi hanno dato buoni frutti nel contrasto alla criminalità organizzata, al terrorismo, al traffico di stupefacenti e alla pedofilia, settori per i quali leggi speciali prevedono la non punibilità degli agenti infiltrati debitamente autorizzati allo svolgimento di attività sotto copertura che, non bisogna dimenticarlo, commettono azioni corrispondenti a fatti di reato.

Non esiste alcuna ragione per non estendere la possibilità di ricorrere a questi strumenti investigativi ai reati contro la pubblica amministrazione e in particolare ai fatti di corruzione.

Più controversa è la possibilità di legittimare la pratica dell'«entrapment», cui ricorrono altri paesi, ossia l'induzione al reato di pubblici ufficiali allo scopo di verificare se siano o meno disponibili ad accettare una tangente. Un vero e proprio test di integrità consistente nel controllare la reazione di un pubblico ufficiale di fronte all'offerta corruttiva posta in essere da un agente di polizia che opera sotto copertura.

L'idea è suggestiva ma deve essere oggetto di attenta analisi perché, messa in atto in modo superficiale, difficilmente supererebbe il vaglio della Corte europea dei diritti dell'uomo che, in più occasioni, ha affermato l'illegittimità dell'incriminazione di un reato provocato in senso stretto dalle forze di polizia.

## Quando lo Stato tutela chi decide di denunciare l'estorsione

Lo Stato, in caso di denuncia, offre adeguata protezione a chi rifiuta di piegarsi al ricatto, dando gli strumenti per formare la prova accusatoria e «incastrare» il funzionario che ha chiesto una tangente. La cronaca racconta sempre più spesso di banconote segnate date al funzionario corrotto sotto le telecamere nascoste dagli istruttori.

Proprio i dialoghi intercettati dalle microspie messe dagli inquirenti addosso alle vittime in vista dell'incontro con il funzionario volto a definire l'accordo o addirittura a pagare la somma richiesta offrono un quadro inquietante della condizione di sottomissione psicologica che i ricattatori riescono a indurre nella vittima, alternando violenza ad apparente offerta di complicità. La vittima, rassicurata dalla presenza delle forze dell'ordine, induce al dialogo e il presunto ricattatore parla a ruota libera.

In un caso, il soggetto accusato dagli inquirenti di pretendere una tangente, offre alla vittima una sorta di «rateizzazione» per venire incontro alle sue difficoltà economiche.

– La royalty... dal sette noi passiamo al dieci... quindi tu hai un risparmio... [...] Ne paghi centodieci di aumento, dal sette al dieci... Cento sono quelli che dobbiamo dare... Tu hai un risparmio di 104.440... E sei dentro, al dieci.

– Quindi praticamente quello che dovrei dare io in più sono questi centomila euro...

– Di cui io ho ottenuto anche cinquanta lunedì, prima del consiglio... Gli altri, diecimila al mese. Ho detto che ne rispondo io, mi farà un assegno e 'm'u tegnu sarbatu [lo tengo io conservato, *ndr*] e poi a marzo aprile in modo che ti organizzi con comodità, questo è il quadro...

– [...] Anche se non hai centomila euro, bastano al momento trentacinque o quarantamila, giusto per dare a loro la certezza dell'impegno. [...]

– [...] Questi sono stati giorni per me...

– Lo immagino, tu ci dici che il 2 di aprile... ogni sei mesi ci dugnu [gli do, *ndr*] diecimila euro e io te li do a te.[10]

L'intervista rilasciata dalla vittima subito dopo l'arresto del funzionario è molto significativa:

Non si è avuto mai alcun dubbio sulla strada da percorrere; non si è mai avuta esitazione nel denunciare chi, finora, aveva invitato alla denuncia; non si è smesso di avere fiducia nello Stato e non si dimenticherà mai il senso di libertà provato nel farlo.[11]

In un altro caso un amministratore pubblico ha chiesto, secondo l'inchiesta, un bracciale di diamanti da dare poi, stando a quanto da lui stesso sostenuto ma mai accerta-

---

[10] livesicilia.it, 3 marzo 2015; rainews.it, 3 marzo 2015.
[11] newsicilia.it, 5 marzo 2015.

to dagli inquirenti, a un giudice. La vittima finge che il bracciale sia più caro rispetto all'importo della tangente concordata e l'amministratore si offre di farla risparmiare acquistandolo lui al prezzo fissato con il denaro contante che la vittima gli darà.

– Sindaco io quel coso [il bracciale di diamanti, *ndr*] non l'ho preso, questo non ha voluto l'assegno e quindi non ce l'ho fatta a prenderlo ma devo dirle la verità, sindaco, io non ce la faccio a comprare questo coso, a prendere questo coso per questo giudice, non mi guardare così.
– Questo è un guaio da risolvere.
– Perché poi il prezzo è già poco sindaco, poi sto facendo quei ventiquattro pasti gratuiti, come la vedi tu?
– Devi lavorare sempre in prospettiva, in prospettiva per la gara dell'anno prossimo.
– Quattro e tre vogliono [4300 euro, *ndr*], più poco non ci sta.
– Io ti dissi due, massimo due e cinque [2000/2500, *ndr*] ma tu li puoi dare a me e glielo vado a prendere io.
– In contanti?
– Eh io vedo di prendergli una cosa intorno ai due, due e cinque [2000/2500, *ndr*].[12]

### I reati di corruzione. L'ipotesi di inasprire le pene

La corruzione è un delitto di calcolo. Corrotto e corruttore si decidono all'azione illecita ben quantificando costi e benefici della loro azione. È sempre utile pertanto puntare sulla leva motivazionale, innalzando le condanne fino a rendere il rischio non più conveniente.

[12] noicaserta.it, 21 dicembre 2013.

Va però detto che le pene previste in Italia per la corruzione sono già alte, tra le più elevate d'Europa. Nel 2015 sono state ulteriormente inasprite ma le recenti inchieste per fatti avvenuti successivamente alla legge dimostrano come tale aumento di pena non abbia ottenuto il risultato di prevenzione sperato. Ciò si deve sia al fatto che difficilmente gli autori del reato riflettono sulle conseguenze precise dell'atto nel momento in cui commettono l'illecito, sia alla possibilità che la prospettiva di una pena più alta venga compensata da un aumento della tangente richiesta. Il maggior rischio potrebbe dunque essere monetizzato traducendosi in un incremento del prezzo della corruzione.

Questa è una delle ragioni per cui la politica repressiva non risulta sufficiente e va affiancata da misure preventive che rendano impossibile la realizzazione dell'attività vietata o altamente probabile la sua individuazione.

In questo senso la trasparenza dell'attività amministrativa e l'esistenza di procedure che rendano pressoché certa l'emersione dell'illecito costituiscono gli strumenti più efficaci perché introducono un rischio difficilmente monetizzabile.

Analogo effetto avrebbe la certezza della pena, collegata magari all'esecuzione sicura di una pena accessoria che vieti ogni rapporto con la pubblica amministrazione: il pericolo di una simile messa al bando non avrebbe prezzo.

L'idea dell'adeguamento dei livelli salariali quale strumento di prevenzione della corruzione non è nuova e riporta all'idea, sostenuta da diversi studiosi, secondo la quale il prezzo della tangente costituisce per il dipendente il mezzo per allineare lo stipendio al livello che ritiene a sé adeguato.

Tuttavia, a tacere del fatto che molte inchieste hanno visto come protagonisti dirigenti che presentavano redditi elevatissimi, non va sottovalutato che, anche in tal caso, l'aumento dei profitti può portare a un aumento del prezzo della corruzione. Il dipendente disonesto, lungi dal rinunciare a guadagnare potrebbe solo ritenere più rischioso perdere un posto di lavoro tanto remunerativo e in virtù di questo richiedere una tangente più elevata. Il sacrificio pubblico derivante dall'aumento degli stipendi potrebbe giungere al risultato paradossale di aumentare il valore globale della corruzione.

*L'Italia è il paese più corrotto d'Europa?*

Non è così.

A parte il fatto che nell'ultimo anno si è assistito a un trend positivo che ha visto il nostro paese risalire di otto posizioni, va detto con chiarezza che questo indice non misura la corruzione reale ma quella percepita.

Transparency International, un'associazione non governativa e no-profit operante a livello internazionale che si propone di combattere la corruzione, nel 2015 ha collocato l'Italia al sessantunesimo posto nel mondo, tra le centosessantotto nazioni censite, penultima nella lista dei ventotto membri dell'Unione europea, dove appaiono più virtuose pure la Grecia e la Romania, mentre fa peggio la sola Bulgaria.[13]

Ma al pari di altri indici soggettivi meno noti ma altrettanto significativi (il Cci, Control of Corruption Index, elaborato dalla Banca mondiale; il Gcb, Global Corruption Barometer, elaborato anche questo da Transparency; il Pii, Public Integrity Index, basato sulle opinioni di un gruppo di studiosi di tutto il mondo; il Beeps, Business Environment and Enterprise Performance Survey, elaborato dalla Banca mondiale in collaborazione con la European Bank for

---

[13]  Si veda: transparency.it/indice-percezione-corruzione-2015/.

Reconstruction and Development, per citarne alcuni) si basano su sondaggi e rilevazioni di opinioni e sensazioni.

Sono indici molto importanti perché danno il punto di vista degli operatori; è fondamentale però chiarire che non si tratta di dati effettivi ma di impressioni e sensazioni.

Peraltro gli indici soggettivi scontano limiti intrinseci che sono stati ben messi in rilievo dalla letteratura internazionale.

Innanzitutto le risposte possono essere influenzate dal rilievo mediatico delle inchieste in corso, con il risultato paradossale che l'indice di percezione della corruzione sarà tanto più elevato quanto più efficiente è in quel paese l'azione della magistratura e degli inquirenti. Non è un caso che il picco più elevato di percezione della corruzione sia stato riscontrato in Italia nel periodo immediatamente successivo alle inchieste di Tangentopoli degli anni Novanta.

Non va poi sottovalutato che la nozione di corruzione varia da paese a paese. L'accezione anglosassone di *corruption*, ad esempio, è ben più ampia di quella italiana e ricomprende fenomeni di malaffare che spesso non costituiscono neppure reato.

Non è infine provato che gli intervistati abbiano la stessa sensibilità culturale di fronte al fenomeno corruttivo, con il rischio che il risultato dei sondaggi sia alterato sotto il profilo scientifico. Ciò detto, il dato non va trascurato perché la corruzione percepita influisce sugli investimenti. È stato calcolato che ogni punto perso nella classifica di Transparency porta a una riduzione del 16 per cento degli investimenti dall'estero.

In assenza di misuratori oggettivi, giacché la scienza economica non riesce a fornire a tutt'oggi strumenti adeguati e condivisi dalla comunità scientifica per la misurazione del livello effettivo di corruzione, il dato è assai rilevante e deve spingere a un irrobustimento della normativa anticorruzione e anche a un'intensa campagna di marketing legislativo volto a far conoscere al mondo i progressi della legislazione italiana in questi ultimi anni.

Certamente però l'indice non ci autorizza a dire che il nostro paese è più corrotto di altri.


*Il costo della corruzione e la percezione della gente*

Il dato relativo al costo della corruzione, stimato in sessanta miliardi l'anno, è frutto di un grande equivoco in cui sono cadute pure testate internazionali. Come è stato messo in rilievo da alcune inchieste giornalistiche,[14] il dato ha preso probabilmente origine da uno studio della Banca mondiale del 2004 che stimava il valore delle tangenti pagate nel mondo in un trilione di dollari, il tre per cento del Pil, il Prodotto interno lordo, globale.[15] Da questo dato si è partiti per il calcolo forfetario della corruzione in Italia: se la corruzione è il tre per cento del Pil del mondo, è anche il tre per cento del Pil italiano: quindi circa sessanta miliardi di euro.

Il dato sarebbe stato ripreso e citato quale «opinione» in un rapporto del Saet, il Servizio anticorruzione e trasparenza, all'epoca esistente presso la presidenza del consiglio dei Ministri, e poi da qui sarebbe rimbalzato in una memoria allegata a un giudizio di parificazione della Corte dei conti. Il

---

[14] *La bufala dei 60 miliardi di euro di corruzione in Italia*, 3 febbraio 2014, disponibile al link: www.ilpost.it/davidedeluca/2014/02/03/la-bufala-dei-60-miliardi-euro-corruzione/; *Corruzione: costa davvero 60 miliardi*, 22 ottobre 2012, disponibile al link: www.ilfattoquotidiano.it/2012/10/22/corruzione-costa-davvero-60-miliardi/389142/.

[15] web.worldbank.org, *The Costs of Corruption*, 8 aprile 2004.

dato è stato tuttavia ritenuto inattendibile dalla stessa Corte dei conti il cui presidente ha recentemente affermato che «non sussistono criteri univoci sulla base dei quali elaborare stime quantitative».[16]

Indubbiamente, però, la percezione, basata su fatti accaduti e che hanno destato molto scandalo, è che la corruzione in Italia sia elevatissima.

E del resto la Commissione europea ha forfetariamente stimato il costo della corruzione in Europa in centoventi miliardi di euro.[17] Se il dato di sessanta miliardi fosse corretto, la metà della corruzione europea si verificherebbe in Italia: è davvero troppo!

Uno studio della Commissione europea del 2014 mette in rilievo come il 92 per cento degli imprenditori intervistati credono che favoritismo e corruzione in Italia ostacolino la concorrenza (a fronte di una media europea del 73 per cento). Il 90 per cento afferma che la corruzione e la raccomandazione sono spesso il modo più facile per ottenere un servizio pubblico (a fronte di una media europea del 69 per cento) mentre il 64 ritiene che questi siano gli unici strumenti per avere successo (a fronte di una media europea del 47 per cento).[18]

Questo sondaggio è estremamente allarmante soprattutto perché sullo sfondo di queste statistiche sembra intravedersi un inaccettabile senso di rassegnazione. Se la quasi totalità degli imprenditori ritiene favoritismo e corruzione utili per

---

[16] Relazione del presidente della Corte dei conti Raffaele Squitieri in occasione dell'inaugurazione dell'anno giudiziario 2014, 14 febbraio 2014.

[17] Si veda: europa.eu/rapid/press-release_IP-14-86_it.htm.

[18] European Commission, *EU Anti-Corruption Report*, Bruxelles, 3 febbraio 2014.

fare business, e oltre la metà indispensabile, c'è da chiedersi com'è possibile che non vi sia stata ancora una rivoluzione o una sollevazione popolare come quelle a cui abbiamo assistito in questi ultimi anni in alcuni paesi sudamericani.

Ci si domanda se davvero non manchi il senso della corruzione come «danno a tutti». Il corrotto o più in generale chi ottiene successo grazie a favoritismi o furberie di vario tipo non sembra bollato dallo stigma sociale, non è bandito dalla comunità. Il processo di normalizzazione della corruzione che abbiamo descritto in questo volume ha come effetto perverso l'assuefazione sociale, l'abitudine al malaffare e al venire superati da chi è più scaltro.

Ha ragione Raffaele Cantone quando afferma che occorre una svolta culturale, simile a quella che l'Italia ebbe nei confronti della mafia dopo le stragi degli anni Novanta.[19]

Da allora la mafia non è più vista come qualcosa di lontano da noi ma come un male da estirpare. Serve la stessa svolta che ribalti il modello imperante che spesso nell'immaginario collettivo vede corrotti e corruttori come furbi e vincenti. Occorre creare un clima di intolleranza alla corruzione e al malaffare.

Le istituzioni peraltro non smettono di sottolineare i danni della corruzione.

Il presidente della Repubblica Sergio Mattarella ha parlato di «furto di democrazia» mettendo così in rilievo il dato che politici e amministratori corrotti deviano dalla missione

---

[19] Raffaele Cantone ne *Il male italiano* (con Gianluca Di Feo, Rizzoli, Milano 2015) afferma che «bisogna percorrere la strada che ha cambiato la percezione delle mafie nell'opinione pubblica. Trenta anni fa il procuratore generale di Palermo parlava dell'esistenza di una mafia positiva, oggi parole simili sarebbero inaccettabili: la mafia è considerata un male assoluto».

istituzionale non perseguendo l'interesse pubblico.[20] Un danno questo che è tanto più significativo in tempi di crisi in cui il poco denaro pubblico deve essere orientato verso obiettivi concreti e sentiti come necessari dalla collettività.

Il presidente degli Stati Uniti Obama ha in più occasioni additato le perdite economiche derivate dalla corruzione come «il più grande impedimento allo sviluppo».[21]

L'ex primo ministro del Regno Unito David Cameron ha sottolineato più volte le connessioni tra corruzione e terrorismo internazionale mettendo in luce come la corruzione non «minaccia solo la nostra prosperità ma anche la sicurezza». «I migranti che attraversano il Mediterraneo – ha affermato – scappano dalla corruzione degli Stati africani. I nostri sforzi di combattere la povertà globale sono spesso vanificati da governi corrotti che impediscono alla gente di godere dei benefici dello sviluppo».[22]

Gli appelli però sembrano cadere nel vuoto se, dopo venti anni da Tangentopoli, si ripresenta in Italia una questione morale che investe la classe dirigente con tratti non dissimili da quelli che caratterizzarono gli anni Novanta.

È essenziale rivolgersi ai giovani, cominciando dalla scuola. È da lì che può partire il riscatto sociale. E del resto i giovani sono i più colpiti dalla corruzione e dal malaffare.

Come recentemente dimostrato anche da uno studio della rivista scientifica «Nature»[23] i paesi in cui più elevato è l'indice di percezione della corruzione sono non solo quelli che spendono meno in ricerca e investimenti ma anche quelli che presentano un più accentuato fenomeno di «fuga dei

---

[20] repubblica.it, 9 dicembre 2015.
[21] huffingtonpost.it, 25 luglio 2015.
[22] huffingtonpost.it, 8 giugno 2015.
[23] nature.com, 18 febbraio 2015.

cervelli», lo sbilancio più elevato tra i laureati che emigrano e quelli che si stabiliscono dall'estero.

Per questo è fondamentale l'investimento nella diffusione della cultura della legalità che spieghi ai più giovani il costo sociale della corruzione e del malaffare e che rafforzi in loro il senso di appartenenza allo Stato e la sensazione di sicurezza che deriva dal sapere che lo Stato è al loro fianco. Occorre insistere in tutte le forme di collaborazione tra scuola e istituzioni implementando e attuando i protocolli di intesa che già legano ministero dell'Istruzione, magistrature, polizie ed enti e associazioni impegnate sul fronte dell'educazione alla legalità. In questo modo si creano collaborazioni e un percorso che integra la società civile in un progetto inter-generazionale capace di rafforzare i valori dell'etica e della legalità facendo «tornare di moda» l'impegno. Le decine di migliaia di studenti che ogni anno il 23 maggio, data della strage di Capaci in cui persero la vita Giovanni Falcone, sua moglie e gli uomini della scorta, sfilano pacifici e sempre più numerosi nelle piazze italiane lasciano ben sperare.

È soprattutto ai giovani che toglie il futuro la corruzione, ed è fondamentale che loro stessi ne acquisiscano consape-volezza. Il livello di corruzione, intesa in senso lato come abuso e strumentalizzazione della funzione pubblica, e la capacità di reazione contro la corruzione deprimono la spesa per investimenti in ricerca, giacché gli Stati più corrotti sono più inclini a investire in opere pubbliche che hanno capacità di spesa più ampia e discrezionale, incidono sulla capacità di innovazione e soprattutto determinano la fuga dei cervelli.

Risulta così acclarata la correlazione diretta tra la capacità degli Stati di controllo della corruzione e la fuga dei cervelli, intesa come sbilancio tra i laureati che entrano in un paese e quelli che escono dallo stesso per cercare lavoro. L'Italia risulta tra gli ultimi posti in Europa, seguita da Grecia, Bulgaria e Romania, e lo studio ritiene essenziale un maggior coinvolgimento nella lotta al malaffare da parte della società civile, delle università e delle comunità scientifiche locali chiamate a un ruolo di *watchdog*. L'Italia in questi ultimi anni ha compiuto un lungo percorso di riforme che è andato dalla legge anticorruzione all'istituzione di un'autorità, l'Anac, deputata alla prevenzione della corruzione, e questi progressi sono stati riconosciuti dalla comunità internazionale. David Cameron «ha indicato l'Italia come modello per la sua legislazione in materia di anticorruzione, soprattutto per quanto riguarda la disciplina della confisca, sequestro e gestione dei beni coinvolti in pratiche corruttive».[24] L'Ocse, in occasione della presentazione del rapporto sull'Italia 2015, si è detta orgogliosa di aver collaborato con l'Italia nel caso Expo e si è compiaciuta dei progressi compiuti dal nostro paese nel percorso delle riforme.[25] Ora che gli strumenti ci sono, è fondamentale che si capisca che la lotta al malaffare non è solo un problema di polizia e magistrature ma è un compito attribuito a ciascuno di noi. La svolta culturale necessaria è quella di sentirsi tutti coinvolti nella tutela della legalità. Tutti vedette civiche, tutti sentinelle della legalità e tutti profondamente convinti, come scriveva Giovanni Falcone, che «possiamo sempre fare qualcosa»: questa è la sfida.

---

[24] amblondra.esteri.it, 12 maggio 2015.
[25] Angel Gurría, segretario generale dell'Ocse, *Presentation of the Economic Survey of Italy*, Roma 19 febbraio 2015.

Finito di stampare
nel settembre 2016 presso
Nuovo Istituto Italiano d'Arti Grafiche – Bergamo